こんな時代だからこそ、「本当の自分」を生きて、「経済的に自由」になってもいい！

型破りな経営者『平井ナナエ』から学んだ起業メモ

真渡一樹
Kazuki Mawatari

RTH出版

推薦文

この本は「生きている本」です。

三十代の真渡一樹（通称ズッキー）という男が経験したことを生々しく書いてくれた本です。

二十代で経験した「本物のビジネス」について書いてあります。

「本物のビジネス」を探している人、「本当のビジネスの勝ち方」を知りたい人の手に届いてくれることを願っています。

「本物のビジネス」を創りたい、「本物のビジネス」を継承していきたい、そんなことを求めている人へ届きますように。

本物のビジネスは、愛の表現だということが伝わる本になっています。

ぜひご自身のビジネスやビジネスの成功にお役立てください。

「本物のビジネス」は楽しいことでしかない。

悔しいことも悲しいことも本気でやれば楽しかったことに変わることが伝わると思います。

これからの時代のビジネスの在り方を遺す一冊になると思います。

平井ナナエ
RTHグループCEO
「楽読スクール」「リターンスクール」創業者
宇宙経営オンラインサロン主催

はじめに

偽りの自分で、妥協や不安や恐怖で生きるのではなく、自分の本音で生きる人生や、夢や志を追求する人生を生きるには、どうすれば良いか。

「本当の自分」を生きて「経済的に自由」になるには、どうすれば良いか。

それが本書のテーマです。

七年前、僕は、本当の自分で生きる道を追求していたのですが、ビジネスやお金と、本当の自分で生きるということの両立ができずに苦しんでいました。

学生時代、ずっと、家にこもってマンガを読んだり、ゲームをしていた僕は、「好きなことでお金を稼ぐことは難しい」と感じていました。

逃げなければ絶対に行ける。

貯金残高が0円になることもあり、食費を削って、なんとか凌ぐ毎日。

どうしたら、「本当の自分」を生きて「経済的に自由」になれるんだろう。
何の妥協も偽りもない「本当の幸せ」を実現できるんだろう？
どうしたら、本当の意味でビジネスを成功させることができるんだろう……。

それまでの自分は、人生で大きな成功体験もなく、社会やビジネスの知識もなく、自分に自信もありませんでした。そして、具体的に何をやれば良いか分かっていませんでした。

そんな風に苦悩していた駆け出しの頃、「平井ナナエさん」と出会ったことで、それまでの人生が一変しました。平井ナナエさんは、国内外に約100スクール・インストラクター数百名を輩出した業界日本一の速読スクール『楽読』や、『リターンスクール』『宇宙経営オンラインサロン』などを創業した経営者です。その経営哲学や、人生哲学は、人によっては「型破り」と感じる人もいるようですが、

結果が出るのは基本的に意識です。

過去の常識や、概念にとらわれず、使命感や愛に基づいて経営をしている僕の大恩人です。

平井ナナエさんは、僕の成長や幸せを常にフォーカスを置いて、時に優しく、時に厳しく、常に、愛と使命感をベースに接してくれました。僕が自分で思っている以上に、「僕の可能性」を、とことん信じてくれていたのです。

平井ナナエさん直伝の指導を受けることで、自分自身に眠っていた可能性が開きました。僕が経営する楽読スクールは成功し続け、日本各地のどんな地域でも、たとえ知り合いや、見込顧客が全くいない、見知らぬ土地でも、ゼロからスクールを立ち上げて月商百万円以上の売上を上げられるようになりました。

会社員経験しかなく、オタクで引きこもりで、友達も少なかった自分が、今では、ズッキーの愛称でたくさんの人に親しまれて、大好きな人と結婚をして、子どもを二人授かり、仲間とコミュニティを形成し、どんどん売上が上がっていっています。

意識とやることそれが全て。

そして、何より「本当の自分」で生き、幸せを感じている状態です。

これからの日本は、人口減少に伴い、経済的にも縮小していくという経済予測がたくさん出ています。経済格差も広がっていくと言われています。そんな時代だからこそ、「本当の自分」を生きて「経済的に自由」に生きられる人が、一人でも増えたら嬉しい。二〇二〇年のコロナ騒動以降、大きく変化している社会で、先行き不透明な未来に不安を感じている人や、暗中模索している人に、「暗闇に一筋の光を灯したい」「バトンを渡したい」という想いを込めて、この本を書かせて頂きました。

それが、僕の恩人・恩師から受け継いだ想いであり、僕自身の志でもあるからです。

本書はこういう人にオススメします。

●偽りの自分で、経済的にも不安を感じながら生きていくのではなく、「本当の自分」を生きて「経済的にも自由」になりたい人。

育成は相性というよりも相手の本気度です。

●使命・志・本当の自分で生きたい人。
●ビジネスで結果を出して、経済的に自由になりたい人。
●好きな事で、好きな仲間と生きていきたい人。
●平井ナナエさんのビジネスマインドを知りたい人。

この本の効果を最大化するために、僕がオススメする方法があります。

それは、「アウトプットをすること前提」でこの本を読むことです。

インターネットのブログ、フェイスブック、ツイッターなどのSNSや、大切な人に伝えるなど、方法は何でも構いません。「アウトプットをすること前提」で読んで頂くと「ただ読んでインプットしただけ」よりも、百倍の効果があると言われています。

僕も平井ナナエさんに教わったことを、後輩に伝えていく過程で、より自分の身

スキルは行動量によって磨かれます。

体に染み付き、より楽に結果を出せるようになりました。

あなたが今よりもさらに「本当の自分」を生きて「経済的に自由」になりますように。

それでは本書をお楽しみください。

行動した後、プロに聞いて検証する。

目次

第1章

「使命に生きる」と決める

内気な「オタク」が迎えた転機

僕は子どもの頃から元々、すごく臆病で、人見知り。いわゆる「オタク」でした。家で絵を描いたり、ずーっとゲームをやったり、そういうタイプでした。

人前に出るのも苦手でしたし、嫌いでした。学級委員や生徒会なんて絶対無理。本当に、学校の端っこの方で生きてきた、という感じです。

だから、普通に、まじめに中学に通い、高校へ進学するというレールに乗って、親にも先生にも怒られないように過ごしてきました。

僕にとって最初の大きな転機は、二〇一一年三月十一日。そう、東日本大震災です。

達成してなかったらおかしい。になっているか。

当時、僕は大学三年生。高校時代から、エネルギー問題や自然災害などに興味を持っていたので、地球科学や、宇宙科学、環境問題等のテーマについて、大学で研究をしていました。

例えばですが、「隕石が地球に墜落してきたらどうするか」。その時のために、宇宙のことを勉強しておこう、といったことが動機です。そういうマンガや映画の見過ぎで、影響を受けていたというのは間違いありません。

自然災害についても、南海トラフの危険性や、将来的に関東地方にも大地震が発生するのではないか、等々かなり真剣にシミュレーションしていました。もちろん、スマトラ島沖で起こった地震・津波について分析したりもしました。

ところが、自分なりに勉強して、準備してきたことが東日本大震災では全く役に立たなかったのです。四十メートル超えの津波？　スマトラ島沖津波の時と全然違う！　衝撃でした。自分がやってきたことが、「いざ」という時に全く通用しな

やるか。やらないか。

かったのです。それがとても悔しくてたまらなかったことを今でも鮮明に覚えています。

何も活かせなかった……何もできなかった……という無力感を覚えたと同時に、僕の中で「人類を救う」という言葉が生まれてきたのです。強いて言うなら「魂の声」のようなものです。

自分の使命は「人類を救う」こと。東日本大震災の時、それが明確になりました。

月一回、なぜ生まれてきたのかを描く
スケジュールを決める。

社会人一年目で迎えた「挫折」

大学を卒業して、僕は埼玉にあるガス会社に入社しました。

その会社を選んだ理由の一つは、エネルギー関連の会社だからです。

人類にとって、電力やガスというエネルギーはとても重要なもの。エネルギー源が枯渇してしまうと、人類の存続が危うくなる。このように、人類にとってエネルギー問題は、とても重要なことだと考えていました。

しかし、僕の目から見ると、当時のエネルギー業界は課題がたくさんありました。原子力発電の問題や、化石燃料の問題。だから、エネルギー関連のことを現場で学んで、エネルギー業界を変革することで世の中を変えられるはず……。そうすることで「人類を救える」と思ったこと、これが理由の一つでした。

結果を出したいのか。出したくないのか。

もう一つの理由は、その会社が体育会系で厳しそうだったことでした。僕は、心のどこかで「苦しい、過酷な環境でこそ、人は進化する」という想いを持っていました。いかに自分を追い込めるかが重要だ！と、当時の僕は考えたのです。

僕はマンガが好きなので、例えて言うならば『ＮＡＲＵＴＯ』に出てくるロック・リーの「裏蓮華」。あの状態になれれば、自分は間違いなく進化できる！と思い、敢えて自分にとって厳しい環境を選んだのです。知らない人はごめんなさい（笑）。

入社してみて、案の定むちゃくちゃ厳しい環境でした。新入社員研修に自衛隊の体験入隊があるくらい厳しい環境でした。でも、それはそれで嫌いではなかったし、悪いと感じたことはありませんでした。

しかし、僕はその会社に入ってどんどん疲弊していきました。

その結果が出るスケジュールになっているか。

まず、**「自分の想いを言ってはいけない」**と思い込む出来事が起こります。

それは、新入社員研修でのこと。新入社員が集まった研修で、それぞれ志望動機を話す時間がありました。同期入社の人たちが五〜六十人くらいいる中で、僕はなぜこの会社に入ったのかを素直に、全力で話してしまったのです。

「僕は、人類を救うためにこの会社に入りました。エネルギー業界を研究して、エネルギー関連の課題を解決したい。それが人類を救うことにつながるんです！！！」

これを聞いて「いいね！」って言ってくれた人は、多く見積もっても五％くらいで、残りは「何言ってんだろう？この人は…」という反応でした。それでも、同期はまだマシでした。二十代前半特有の、熱く夢を語る感じが、何となくわかってもらえました。

絶対！って思っているか。

しかし、人事担当の人たちは、そうはいかなかったのです。僕の発表を見た人事の方は「真渡ってヤバイ奴が入ってきた」「『人類を救う』とか『地球のため』とか真剣に言っている。あれは宗教でもやってるんじゃないか」と言われるようになってしまったのです。

当時の僕としては、大学で地球科学、環境問題について学んできたからこそ「地球のため」と言っていたし、それが本当に「人類を救う」ことにつながるとも思っていました。むしろ、それが自分の役割だと真剣に思っていました。

でも……その想いは、当時の会社の人たちには伝わりませんでした。というよりも、違った伝わり方をしてしまったのです。

そして、「真渡一樹は怪しい」というレッテルをしっかり貼られることになりました。

やっていないのは、絶対！って思っていないから。

おかげで、最初に配属された営業所では「お前、宗教とかやってんだって?」と先輩から真っ先に聞かれました。もちろん、「やってないっすよ~」とは答えますが、当然、周りからはそういう目で見られるようになりました。

そこから、「自分の本当の想いや、本音を言っちゃダメなんだ」と思うようになりました。

さらに、当時の営業所長からは「いいか、この世には本音と建前があるんだ」と言い聞かされました。確かに、この世の中には本音と建前があると思います。でも、当時の僕はその言葉を聞いて「お前、そういう怪しいことを言うのはやめろ」と言われていると受け取ったんです。

ついでに言えば、当時の彼女からも言われました。「そういうこと言うのやめて」と。「頼むからやめて」とまで言われました。僕としては、自分の本当の気持ちだったのですが。

転んでもいいので、結果を出したいのか、そうではないのか。

そこから、僕は自分が持っていた本当の想いを封印していきました。

さらにその状態に、激務が重なりました。

僕が社会人になった頃は、東日本大震災の後、電力自由化が始まった時期で、ガス会社などが電力事業に参入し始めた頃と重なっていました。それもあって、業界全体が荒れ気味でした。

競合他社との競争も激しく、お客さんの取り合いも頻繁に行われていました。むちゃくちゃ忙しく働きました。朝九時に始業してから、仕事が終わる、いや、終わりにするのが夜中の十二時過ぎのこともありました。厳しい環境というのはわかっていましたが、正直きつかったです。

加えて、「従来からの慣習」や「しがらみ」、「昔からの付き合いで」など「前例

達成したい。という気持ち。
まずはそこから始まる。

を踏襲しないといけない」というような、仕事の進め方がたくさんありました。

「なぜ、これをするのか」よりも、「これはこうするもの」というような仕事がたくさん存在していたのです。だから、「おかしいな」と思っても、自分を押し殺してやらなくてはならない状況でした。「何か違うんじゃないか？」と思っても、新入社員ではどうしようもないことが、山のようにありました。

他社の悪口やデメリットを並べ立てて、契約を変更してもらうということもありました。僕はこれもすごく嫌いでした。このような、自分の本意ではない仕事をすることはとてもきついものでした。

そのような環境でも、僕は僕なりのモチベーション、「人類を救う」という目的でこの仕事をしている、という意識を持ち続けようとしていました。もちろん、そんなこと会社の誰にも言えませんが……。

理想を観続けることを面白がる。

そんな状態の中で、僕は、人生を変える出会いを果たします。『楽読スクール』、『リターンスクール』との出会いです。

それらの事業は平井ナナエさんが創業したＲＴＨ（リターン・トゥ・ヒューマン）グループであり、どんな企業グループかというと、

●ミッション「人が本来あるべき姿へ還る環境提供」
●ビジョン「世界ニコニコピース」
●ポリシー「すべてのベースは愛基準」

日本全国や海外にもスクール展開していて、速読スクール数が約１００店舗、インストラクター数は延べ数百名で、業界日本一の企業です。楽読スクール・リターンスクールの内容は、人間の可能性を広げて、本当の自分を取り戻して、楽に楽しく生きてもらうための活動をしています。まさに、ミッション・ビジョン・ポリシーを地でいく仲間が、日本全国や海外にも広がっています。

目標を達成するための行動に、本当になっているのか？

その事業を創業したのが、僕の人生の恩人である平井ナナエさんです。

大事なのは「その気」。

楽読で自分の使命を取り戻す

僕が『楽読』という速読スクールに出会ったのは、入社二年目の夏でした。

楽読というのは「楽しく、楽に、速く読めるようになる速読」。僕が今インストラクターとして活動しているメソッドです。右脳と左脳のバランスを整えて、速く読めるようになる上に、熟読もできる。しかも、レッスンがめちゃくちゃ楽しいという速読です。

僕は当時……いや、今もそうですが、向上心と成長意欲がすごくありました。松下幸之助さんや孫正義さんといった偉大な経営者の本を読んで、自分の人生で大きな志を実現するためにはどうしたら良いかを学びたい、と思っていました。でも、当時の僕は本を読むのがすごく苦手でした。だからたくさん本を読めるようになるために、速読を身に付けたいという気持ちがありました。

現実を無視して
「すでに理想が叶っている」状態。

楽読を始めた理由はもう一つありました。速読ができるようになったら、自分の能力が上がるはず……。自分がもっと成長すれば、仕事をたくさんこなせるようになって、残業を減らし、残った時間を自分の志のために使えるようになるのではないか、と考えたのです。

本当に発想が少年マンガです（笑）。『ドラゴンボール』の「精神と時の部屋」でものすごく修行したら、もっと強くなれる！　みたいな感覚に近いです。

さらには、楽読のミッション、楽読が目指すこととして「人が本来あるべき姿へ還る環境提供」と書いてあります。

それを発見し、「なんだここは?」と思いました。

僕はずっと物理・科学とか、論理的な世界で生きてきたため、目に見えないもの

SNSのメッセージを受け取る側のことをイメージしたことはありますか?

をあまり信じてきませんでした。しかし、「人が本来あるべき姿」とか、そういうことには興味があったので「おもしろそう」と反応したのです。

楽読の受講を始めてすぐ、創業者の平井ナナエ（ナナちゃん）が「引き寄せの法則セミナー」を開催する、という話を聞きました。当時は「引き寄せの法則」なんて当然知りません。でも、ひとまず聞きに行ってみよう、と思い参加してみました。

そうしたら、涙が出るくらい感動したのです。

当時のことを振り返ってみると、僕は自分の本当の使命、本当にやりたいことのために生きたいと思っていたのに、周りからは「怪しい」と言われ、さらには当時付き合っていた彼女からも「やめて」と言われて、自分の本当の気持ちは言ってはいけないのだと思う一方で、本当の想いも奥底では持ち続けていました。

その状態でナナちゃんの話を聞いたので、何かわからないけど、わかる！　こう

SNSでのメッセージを送る前に、
一旦、相手のことを想う。

いうことが言いたかった、知りたかった！　と心底湧き上がってきたのです。

僕の大好きなマンガ『ＯＮＥ ＰＩＥＣＥ』で言えば、ハグワール・Ｄ・サウロがロビンに言ったセリフみたいな感じでした。

「いつか必ず！！！　お前を守ってくれる『仲間』が現れる！！！　この世に生まれて一人ぼっちなんて事は絶対にないんだで！！！！」

そう。僕はナナちゃんに出会って初めて、ひとりぼっちで使命に向かうのではなく、「仲間」が見つかった！　と思ったのです。ここに居場所があった！　だから僕も楽読を伝える側になろう、と思いインストラクターの資格を取ることに決めました。

その流れで出会ったのが「リターンスクール」でした。正式名称は「リターントゥヒューマンスクール」で、人が本来あるべき姿へ還るための半年間のプログラ

SNSでのメッセージのポイントは、
親切か、親切じゃないか。

ムです。

インストラクターになるためには、リターンスクールを受講するのが良いと聞いたのと、僕自身もインストラクターや楽読の仲間たちともっと一緒にいたいと思い、リターンスクールの受講を始めました。

この楽読とリターンスクールを経て、僕がどう変化したのか。大きく二つあります。

一つは、自分に自信が持てるようになりました。

経営者でもアスリートでも、社会的な成功を収めている人たち、大きな結果を出している人たちは、すごくメンタルが強い。言い換えると「根拠のない自信」を持っています。「自分にはできる」と、自分自身を信じられている状態にいるように感じます。

愛の営業を意図して下さい。

それまでの僕はどうだったかと言うと、それの全く逆。根拠なく自信がありませんでした。理由はないけど、上手くいかなそうな気がする、ダメそうな気がする……常にそんな感覚でした。

それが、楽読とリターンスクールを受講して、「自分にはできる！」と思えるようになったのです。これは、恐らく楽読のレッスンで右脳と左脳のバランスが取れて、自分の理想を描けるようになったことと、リターンスクールで自分を認められるようになったこと、この二つが影響しているのではないか、と思っています。

そして、「自分にはできる！」という根拠のない自信に満ち溢れた状態でいると、自然と「引き寄せの法則」が働くわけです。「できる！」と思っていると、自分の脳が勝手に「できる方法」をサーチして、見つけてきてくれる。だから、できる。そうするとさらに自信がつく。そういうパターンの繰り返しだったのかなと思います。

結果が出る人の姿勢でいるか。

もう一つは、「自分の使命で生きて良い」という許可が下ろせるようになりました。

大学時代は「人類を救う！」というモチベーションで勉強したり、研究をしていました。ところが社会人になって、例の「新入社員研修事件」が起こった。そのことをきっかけに、自分の本当の想いを話してはいけない、自分の使命で生きていくなんて無理だ、と経験を通じて思い込み始めていったのです。

もちろん自分なりにモチベーションを維持して仕事をしてはいました。ですが、理想と現実のギャップというか、「そうは言っても、他社の悪口を言って契約を変えてもらうことが、本当に自分の役割なのか？」という疑問もありました。

「このままこの会社にいて、この仕事を続けていくことが、本当に自分のミッションとつながるのだろうか？」と悩むこともありました。しかし、食っていくために

1週間に1回、結果と意識をチェックする。

は、お金を稼ぐためには、この仕事をしなきゃいけない……というジレンマを常に抱えていました。

でも受講していく間に、「それを全て解放しよう！」と決めました。

僕は元々「人類を救う！」というミッションで生きたい、生きる！　と思っていたけれど、それに共感してくれる人はほぼいませんでした。バカにされるか、否定されるかのどちらかです。

しかし、リターンスクールで、自分の理想を描いて、自分の本当の使命を感じに行った時、やはり自分のミッション、役割はこれだと強く感じることができました。それと同時に「このミッションで生きていって良い、この想いを解放して良い」と、自分に対して許可を下ろすことができたのです。

それができたのも、リターンスクールという場があり、楽読を通じて、僕の想い

やれることをやる。

を承認して応援してくれる仲間たちがいたからこそです。自分の使命で生きる、と決めた僕は、楽読インストラクターとしての活動を本格的に開始していきます。

結果を出している人へ質問したいことは、日頃からメモしておく。

☑ 第1章 チェックポイント

□本当の想いを解放して生きていい、という許可が降りているか？

そのままでいるのか、いないのかは、
あなたが選べる。

第2章

「一人で勝てる」ようになるまで

六百円のランチだけで命をつなぐ日々

埼玉のガス会社で二年ほど働いた後、僕は楽読のインストラクターとして独立しました。最初は、僕が楽読を始めるきっかけになった石井真（まこっちゃん）がマネージャーを務めていた、東京の八重洲スクールに所属しました。

二十四歳、初めての一人暮らし。当時乗っていた車を売って、百万円くらい資金を作っての独立でした。

ミッションに生きる！　と決めて独立したからには、楽読を通じて自分を生きる、自分の本当にあるべき姿で生きていく、ということをより多くの方々に伝えたいと思っていました。

当時は楽読のカリキュラムが二十四コマセットで十四万円くらい。それで、初月

前提は、絶対に「良くなるために」。

の売り上げが三十万円、翌月が五十万円くらいでした。簡単に言うと、一カ月に二～三人成約してもらえるかどうかという状況でした。

その後、僕は大阪へ異動になりました。大阪は楽読発祥の地で、大阪の中心地、梅田には「梅田本校」があります。僕は、その梅田本校のマネージャーとして、運営を任されることになったのです。

当時の僕は、独立したてで燃えていたし、やる気もありました。「やるぞ！」という想いで大阪に行ったのですが……現実は厳しく、苦しい日々が続きました。まず、友人・知人がほとんどいないので、誰かに楽読を勧めようにも、声をかけられる人がいません。要するに集客や営業活動ができず、その上、楽読の体験レッスンをやっても全然成約に結びつかない、もどかしい状態でした。

冷静に考えてみると、独立して二～三カ月で縁もゆかりもない場所に行って、形のないものを売ろうということなので、なかなかハードと言えばハードな状況では

目の前で起こることは、
全部良くなるために起こっている。

あります（笑）。

ですが、当時は「なぜ上手くいかないんだろう。自分は楽読とリターンスクールで大きく人生が変化した。だからみんなにも伝えたいのに、どうして伝わらないんだろう」と、悩んでいました。

焦りもあるし、どんどん不安も募り「自分にはできないいんじゃないか」と思い、梅田の街をさまよい歩くこともありました。

そんな状況でしたから、当然経済的にも苦しい状況でした。どれくらい苦しかったかと言うと、もう食費を削るくらいしかない状態でした。

例えば、当時の大阪には六百円のランチで「ごはん・味噌汁おかわり自由」というお店がいくつかありました。ですから、そのお店でごはんを三～四杯くらいおかわりをして、その日の食事はおしまい、という生活を続けていました。

本当の理想に目を向ける。

もっとお金がない時期になると、コッペパン一個で一日過ごすこともありました。
当時二十四歳ですから、お腹も空いてきます。お腹空いたなー！　と思いながら、
その空腹に耐えながら寝る、という生活を送っていました。

ずっと理想を観続けていると形になっていく。

「頑張ってる」か「頑張ってない」かは、重要じゃない

この話を聞いて「頑張っているのに上手くいかないなんて、かわいそう」と思うかもしれません。でも、今の僕に言わせれば「そりゃ、上手くいかないよね」と思います。そんな状態では上手くいくはずがないと言っても良いくらいです。

頑張ることは尊いことだし、素晴らしいこと。でも、頑張り方や、頑張る方向性を間違えると、上手くいかない方にどんどん自分を追い込んでしまうことにもなる……と、今ならわかります。

売上も立たず、誰かに相談することもできず、経済的にも精神的にも苦しい状態だった当時の僕は、ナナちゃんこと平井ナナエからこう言われました。

「ズッキー、面白がってる?」

目標を達成したら、自分に何て言ってあげたい?

この本を読んでくださっている方の中には「こんな状況で、面白がれるはずがないじゃないか」と思う方もいるかもしれません。でも、ナナちゃんは言いました。

「楽しんでるか？　この状況を。面白がるんや！」

当時の僕は、頑張ってはいたし、努力もしていたけれど、自分が置かれている状況を「面白がる」なんてことはできていませんでした。

ナナちゃんがどうしてこんなことを言えるのか。それは、ナナちゃん自身がもっと苦しい、厳しい状況を切り抜けてきた経験があるからだろうと思います。

例えば、ナナちゃんは起業して少し経った後、二千万円近い赤字を作ったことがあると聞きました。ピンチどころの騒ぎではありません。大ピンチです。その時、ナナちゃんは必死にお金を工面して、バリ島の兄貴、丸尾孝俊さんに会いに行った

結果が出ている人は、必ずやることをやっている。

そうです。

その時、兄貴は、滞在中ずっとナナちゃんを笑わせ続けたのだそうです。ナナちゃんはその姿を見て、「そうか、苦しい、辛いゾーンに居続けるのではなくて、その状況を面白がればいいのか」と気付き、業績をV字回復させることができたのです。

だから僕は、ひとまず「笑う」ことにしました。ナナちゃんにアドバイスをもらう前の僕は頑張っていて、真剣で、まじめでした。だけど、その分「悲壮感」や「深刻さ」が漂っていたのだと思います。

例えて言うなら、人類の存亡をかけた戦いで、最終奥義を出す前のマンガの主人公みたいな苦しそうな表情をしていたのではないかな、と今は思います。

そんな状況でナナちゃんに「面白がってるか?」と聞かれ、正直なところ当時は

今の自分を褒めてあげて下さい。

どう面白がったらいいかもわかりませんでした。

でも、何はともあれ先ずは「笑ったらいいのか」と思ったのです。とにかくお腹から声を出して、口角を上げて。内面はもちろん色々苦しいけれど、「ははは〜」と、とにかく笑う。何とか〝笑う〟っていうことだけはしてみました。

スクールにいる時に一人で笑ったり、家に帰ってからも笑ったり、朝起きてすぐに「ニコー」って、口角を上げてみたり、いろんなところでとにかく笑うようにしたわけです。

そうすると不思議なもので、段々この状況が面白く思えてきたのです。

自分が置かれた状況を「面白がる」ことを続けると、自分が暗くて苦しんでいるゾーン、お金に困って悩んでいるゾーンから、それを楽しんでいる、面白がっている、笑えてくるゾーンに変わっていきます。

寝る前に何を思っているかで全てが決まる。

この「ゾーンを変える」ことが、めちゃくちゃ大事だと僕は思います。

苦しいゾーン、ピンチだなと思うゾーンに自分がいると、そういうゾーンの現象を引き起こします。

例えば、誰かが楽読の体験に来てくれたとしても、僕が「苦しい、ピンチだ」と思うゾーンにいると、そういう気持ちが、言わなくても実は相手に伝わっています。受講生さんとしても、「苦しい、ピンチだ」と思っている人と一緒にはいたくないですから、当然契約になるはずもなく、受講生さんは増えず、売上も上がらない、という悪循環を起こしていました。

ちょっと考えてみてください。皆さんは、苦しそうな人、悲壮感が漂っている人と一緒にいたいと思います？　僕はちょっと、遠慮したいです（笑）。

神様にオーダーし、目の前のことに集中する。

ましてや「楽しく、楽に速く読める速読！」と謳っているインストラクターが、必死に頑張っている。それはおかしい！　と、今なら思います。

逆に、この状況を面白がっていると、「面白い」ゾーンの現象が起こります。面白がっていると、面白いことを引き寄せてくるのです。

さっきの例で言えば、僕がこの状況を「面白がって」いたとしたら、体験レッスンに来てくれた人には「面白い、楽しい」という雰囲気が伝わっていきます。そうすると、この場所が楽しい！　面白い！　この場所に来たら、人生変えられるかもしれない……と思って受講を決めてくださるという流れができるのです。

当然受講生さんも増えるし、売上も上がっていきます。

なので、経済的に苦しかったり、自分がピンチな状況に置かれている時ほど、自分がどのゾーンにいるのかを確認してみてください。「苦しい」ゾーンにいるのか、

天にオーダーすることから棚ぼたが始まる。

それとも「面白がっている」ゾーンにいるのか?·これによって、起こる現実は面白いくらいに違ってきます。

「そんなバカな」と思うかもしれませんが、騙されたと思って人体実験してみてください。これが頑張ることよりも大切なことだと、僕は信じています。

成功している先輩がいると超ラッキー。

ゾーンを変えるには「効果音」を使う

「ズッキーの言いたいことは理解できました。でも、そうは言っても今自分は苦しいゾーンにいて、面白がれない、笑えない……」と思う方も多いでしょう。そんな時はどうしたら良いのですか？　と聞きたい方も多いのではないかと思います。

僕がナナちゃんから伝授された技は「効果音を使う」ことです。効果音や、言葉遊びを使って、明るくするのです。

例えばナナちゃんが良く使っていたのは「○○だっぴょーん」とかです（笑）。**暗いこと、辛いこと、苦しいことでも、効果音を使って意識的に明るくするのです。**

僕は今でも、パソコンで仕事をしている時とかに「テッテレッテレ～♪」と効果音をつけて明るくしています。

それ、いつやる？

他には「はい完璧〜！」とか「はいキター！」とか「はい！　上手くいっているー！」とか。こういった効果音や、自分が面白がれたり、調子がよくなる言葉やフレーズを意識的に多く使っています。

もし、どうしても辛い、苦しいゾーンから抜け出せない……という時は、この効果音、言葉を使ってみてください。

例えばですが、「はい！　おはようございます。」「始まりました！　今日も最高の一日！」「イエーイ！」「やったー！」「ぴょ〜ん！」とかとか。

誤解を恐れずに言えば、ふざけてやっちゃって良いのです。まじめに暗くなるよりも、ふざけて明るい方がよほど良いし、結果を出すことができます。

これは、特に辛い、苦しいゾーンからなかなか抜け出せない方にはオススメです。

自分のことを直視するからうまくいく。

僕はこういうことをずっとやってきたので、もう既にこのゾーンからは抜けて、何があっても面白がるというのが定着しています。だから、今は大体何があっても、基本的には面白がれる状態です。

なので、もしお金がピンチになったときや、苦しい状況に置かれたときには、面白がる、笑い飛ばす！　そして効果音を使う！　ということから始めてみてください。本当に、それだけでも人生大きく変わります。

ホンマにそう思えているか？

相手を想うことの大切さ

この苦しい時期に、もう一つ僕が学んだことがあります。これもナナちゃんから教えてもらったことです。

当時の僕は、体験レッスンをしても全く成約につながらなかった、というお話は前にもしました。でも、自分ではそれがなぜなのか、さっぱりわからなかったのです。

で、ある時ナナちゃんに質問してみました。

「体験レッスンをやっても、なかなか成約につながらないんです」と。

ナナちゃんが「どういう状況だったの？」と聞いてくれたので、僕は自分の状況や、思ったことを少しだけ話しました。そう、ほんの二十秒くらいだと思います。

ナナちゃんは、僕の話を二十秒ほど聞いて、こう返してくれました。

「相手のことを想っているか？」

僕はてっきり、体験レッスンでの成約につながるような言い回しとか、もっとこうした方が良い、みたいなアドバイスがもらえると思っていたので、何を言われているのか、上手く飲み込めずにいました。

正直きょとんとしていたと思います。何しろ、二十秒くらいしか話をしていませんでしたから。

振り返ってみると、当時の僕は、僕が「自分らしく楽しく生きること」そのものが、体験レッスンに来てくれた相手の為になって、結果として成約につながると思っていました。

そのこと自体は大筋では間違っていないと思います。人は楽しいところに集まるし、自分らしく生きている人のところに集まってきます。これは間違いないのですが、**当時の僕は「自分目線」でしか物事を考えていなかったのです。**このことを、ナナちゃんは僕に伝えようとしたのだと、今ならわかります。

自分目線とはどういうことか、というと「自分が売上を上げたい」「この人に契約してもらいたい」「自分はこのビジョンで生きている」……こういったことしか考えていない、ということです。

言い方を変えると、相手目線になっていない。相手が置いてきぼりになっていたのです。当時の体験レッスンは「自分のため、真渡一樹のため」にはなっていたと思います。なぜなら、僕は自分がワクワクする話をして、楽しいのですから。でも、体験レッスンに来てくださった相手のためには、全くなっていなかったのです。

たまたまチラシを手に取った人が救われる。

ナナちゃんからは「ズッキーは、自分のことしか考えていない。目の前にいる人の幸せを本当に心から思えているか？ 契約を取りたくてやっている体験レッスンなんて、ダサいと思わへんか？」と言われました。こう言われて、さすがにグサッときました。

ですが、これは僕だけの話ではなくて、ビジネスが上手くいかない人の中には、こういう人がけっこういます。自分の話ばかりする、自分の好きなことばかり話す。これね、本当に多いのです。

リストに名前が上がっている人を
もっと大事にする。

「自分のミッションで生きる」とは

わかりやすいと思うので、楽読の体験レッスンを例にして紹介します。

僕は楽読を受講して、『引き寄せの法則』というものがある、自分にも活用できる！　と思って、大きく人生が変わりました。だから、『引き寄せの法則』が大好きだし、これを使えば人生変わるよ！　と思っています。

そこに、「速読をしたい」「本をたくさん読みたい」「年間百冊読みたい」という方が体験レッスンに来られたとしましょう。

その方に僕がどれだけ「楽読を受講すると、引き寄せの法則が使えるようになります！」とか「引き寄せの法則で人生が変わりますよ！　想ったことが現実化しますよ！」と猛烈にプレゼンしたとしても、恐らく刺さりません。逆にドン引きされて終わる可能性の方が高いです。ですが、昔の僕はこういうことをやっちゃっていたのです（苦笑）。

では、こういうタイプの方には何が必要かと言うと、**「絶対に速読ができるようになる」という体験レッスン、説明です。**

たとえ自分が『引き寄せの法則』大好き人間だったとしても、その話はしない。むしろ「絶対に楽読で速読できます。なぜなら……」という理論も交えて話す。そうすると、その人が求めている情報と合致しますから、聞いてくれますよね。

そして「年間百冊本が読めるなら、楽読受講します！」となるわけです。

実は、年間で百冊も本が読めるようになれば、それだけで人生が変わる可能性もあります。さらに、楽読のレッスンを通じて、引き寄せの法則のすごさに気付くかもしれません。

メッセージ（DM）には波動が乗る。

だから、僕がやりたいこと、伝えたいことは、結果として相手に伝わっているのです。つまり、僕が伝えたいことを相手のニーズに合わせて伝えてあげる、これが本当に「相手のことを想う」ということだし、「自分のミッションに生きる」ということだと僕は思っています。

当然、逆のパターンもあります。相手が『引き寄せの法則』が大好きで、速読は全く興味がない、という場合。そういう時も、もちろん相手が求めているものを提供するのです。

究極のことを言えば、自分の「好き嫌い」なんて、関係ないと言っても過言ではありません。相手が求めていることに応えられたら、その人は必ずあなたのサービスを利用してくれる。そういうことです。

「自分目線を外して、相手目線に立つ」。このことの大切さを、ナナちゃんは教え

相手のために販売？　自分のために販売？
あなたはどっち？

てくれたのです。

皆さんはこんな風に考えて行動できているでしょうか。当時の僕も、アタマではわかっていたけれど、全然できていませんでした。もし、ビジネスで思うような成果が出せていない場合は、こういうことも意識してみるといいかもしれません。

楽読の体験レッスンを例に出しましたが、これは日常生活にも置き換えられることだと僕は思っています。

例えばサラリーマンの方ならば、顧客、上司、同僚など、日常的に関係する人が求めていることを察知できているか。そして、それにどれだけ応えられているか。これができていたら、かなりレベルが高いと思います。

例えば、恋人や夫婦関係もそうですね。パートナーが求めていることに、きちんと応えられているか。

相手のことを思った分だけ、売上になる。

例えば奥さまが料理を作ってくれた。その料理がめちゃくちゃ美味しい、一〇〇点満点の料理だったとします。そうしたら、旦那さんは二〇〇点のリアクションをする。「これ、めっちゃうまいじゃん！」と全力のリアクションをしたら、奥さんは嬉しいですよね。これは相手が求めているものに応えていることになりませんか。これだけでも、奥さまのエネルギーは上がるわけですから。

お気付きの通り、「相手が求めていること」というのは、必ずしも相手が明確に、顕在意識で理解しているものだけとは限りません。相手が「本当はこうしてほしい」、「こうだったら嬉しい」と無意識に感じていることに応えるのも、大切なことです。

これが自然とできるようになると、日ごろの人間関係も大きく変わっていきます。当然、ビジネスも上手くいきます。人間関係も良好になります。大きく人生が変わっていくスゴイことだと僕は思います。ぜひ、実践してみていただきたいです。

相手が喜んでくれた分だけ、売上になる。

「福の神」を呼び込むために、今すぐできること

大阪時代のエピソードは、まだまだあります。

僕は当時、朝から晩までパンパンに詰めたスケジュールで動いていました。それは楽読の売上を上げたいからだし、体験レッスンに来て成約してくださる人を増やしたいから、でした。

ある日、僕が担当していた梅田スクールにナナちゃんがやって来ました。僕は当時忙しく動き回っていたので、スクール内がちょっと汚かったのです。

例えば机の上に資料が乱雑に置いてあったり、掃除機も三〜四日に一回くらいしかかけないという状態でした。

自分の売上は、誰かが幸せになった量。

それからホワイトボード。大きなホワイトボードだと、下にペンを置くところがありますよね。ずっと使っていると、あの場所に消しカスというか、汚れが溜まってきますが、これを掃除せず、溜まっている状態で放置していました。

あとは、ゴミ箱。三~四日に一回しか整理していなかったので、ゴミ箱にゴミが溜まりまくっていました。

それを見てナナちゃんは激怒したのです。

「何やってんねや！　なんで掃除やってないんや！」

そりゃあもう、ものすごい剣幕です。でも僕は僕で言い分がありますから、言い訳をします。「いや、毎日集客と売上を上げるのに必死で、掃除はおろそかになっていました」と答えたわけです。

ご縁がある人と出会うと思っていて。

するとどうなったか……。最初の怒り以上のエネルギーでこう返ってきました。

「アホか！ 最優先事項はそこやない！ 最優先事項は掃除や！ 集客とか何とか、そんなもんやらんでもええから、まずは掃除を徹底しろ！ 毎日掃除をやれ！ スクールに来る度に掃除して、机の上をきれいにしたり、ピカピカにしとくんや」

そう言われて、僕はその日から掃除を徹底するように意識しました。

何しろ、その時のナナちゃんはものすごい剣幕でしたから（笑）、その迫力に押されて、怒られたくないという気持ちも相まって、スクールをとにかくきれいに保つようにしたのです。

すると何が起こったか。なぜかわからないけど、「体験したいです」「契約したいです」という問い合わせが入ってきました。本当です。

自分に100万円を受け取る価値があると
思えていないと受け取れない。

なぜ掃除が大切なのか。敢えて分析してみると、こういうことじゃないかと思います。

一つ目は、汚いところには人は集まらない、ということ。

初めてスクールに来る人の立場に立てば、書類が机の上に放置してある、掃除機もかかってないような場所に、何度も来たいとは思わないですよね。

いつもピカピカ、シンプルになっている方が当然気分が良いです。

トイレもそうですね。使う・使わないではなくて、トイレがきれいにピカピカに掃除されているお店は、何となく気分が良いですよね。

例えば神社をイメージしてください。もし、神社の境内が荒れていて、ゴミだらけだったら……。その神社に行きたいと思いますか？　そこに通って、ご利益を得たいと思いますか？

実は、スクール運営、店舗運営も同じことなのです。自分がいる場所を神社と同じくらいきれいに、清潔に保つことで人が集まってくるのです。不思議ですけど、本当のことです。

でもね、これは知識としてはみんな知っているはずではありませんか？でも、できていないことが非常に多いのも事実です。特に男子（笑）。知っているのと、やっているのと、できているのとでは、レベルが全く違います。「清潔感が保たれているか」ということを、本当に神経質なくらい意識できるか？これが特にスクール運営、店舗運営では非常に大切だと思います。

次に、**スクールにいる自分自身の気分が良い、ということもあります。**スクールをきれいに掃除すると、心が晴れやかになり、スッキリします。皆さんもお部屋を掃除した後、そんな気持ちになった経験があるのではないでしょうか。

例え、現実化しなかったとしても、
自分を責めない。

実はこれがすごく重要で、『引き寄せの法則』では、今の自分の感情や気分に合ったことが引き寄せられる、と説明しています。つまり、スッキリ晴れやかな気持ちでいれば、そういう出来事が起こってくる、ということです。その結果、運気も上がってきます。

ナナちゃんは、自分でスクールを運営していた頃は「ふっく♫ふっく♫ふっく♫ふっく♫福の神〜♬」なんてメロディをつけて、楽しみながら拭き掃除をしていたそうです。もちろん、僕もパクりました（笑）。

僕の場合は楽読スクールですが、皆さんの職場や身の回りは、ちゃんと綺麗になっていますか？　ピカピカになっていますか？　福の神がいますか？　お家も一緒です。きれいに、ピカピカな状態をキープできているでしょうか。

我が家には今、四歳と一歳の息子がいて、すぐに散らかったり、汚れたりします。

相手への思いやりはありますか？

でも、常に家をきれいに維持することは心掛けています。こういう意識、心掛け、そしてこれが習慣化してくると、間違いなく事業も成功に近付いていきます。もう少し言えば、人生がさらに上向きになっていくはずです。

ぜひ、運気を上げる、福の神を呼ぶ掃除を習慣化して、一日五分でも良いので、コツコツ継続してみてほしいなと思います。

1ヶ月の結果が出る設計図を書く。

誰を徹底マークしているか？

大阪時代に学んだことで、**もう一つ大きなことは「徹底マークする人を決める」ということです。**「〝徹底マーク〟って何？」と思われるかもしれません。言い方を変えれば「モデリング」の対象を決めて、その人から学ぶということです。

「この人すごい」「この人みたいになりたい」と思う人を見つけて、その人から学んでいきます。当たり前と言えば当たり前ですが、皆さんはこれを「徹底的に」やれていますか？　当時の僕は、全然できていませんでした。

当時の僕は、今以上に何でも自力でやろうとする癖がありました。僕が三人兄弟の長男ということもあり、責任感が強く、何でも自分だけでやろうとし、人に頼れない性格だったことも影響しているかもしれません。

それは、本当の希望ですか？

当時は今よりも、もっと自力の塊で人に聞くことができませんでした。先輩や、結果を出している人に質問ができないし、相談もできない。「畏れ多くて聞けない」とか「こんな自分が、あんな偉大な先輩に聞いていいのか」とか、そんなことを考えていました。

その状態で自分が望む結果・成果が出せているならそれでもかまわないのですが、当時の僕はダメダメでした。スクール運営の経験もない、自営業の経験もない、売上や利益といった経営に必要な数字も管理したことがない。そんな状態でしたので、望んだ結果が出せるはずがありませんでした。

当時の僕は、第一章でご紹介した通り、新入社員研修を受けて、一年半くらい営業の仕事に就いていたくらいの経験しかないわけです。そのガス会社でも、別に営業成績が特に優秀だったわけでもありません。

そんな僕が、自分の力だけで何とかしようとしていたのです。

勝手に「〇〇万円売り上げました！」
と書いておく。

当時の成績で言うと、一カ月に一人、多くて二人契約が取れるかどうか。これではスクール運営としては、当然厳しい状態です。だから、六百円のランチでごはんを三〜四杯お代わりするような生活をしていたのです（笑）。

そんなある日、ナナちゃんにこう尋ねられました。

「ズッキーは、誰をマークしとるんや？　徹底的にマークしている人は誰や？」

当時の僕は、何度も言いますけど「自力の塊」でした（笑）。参考にしている先輩がいないわけではなかったのですが、「徹底的にマークしている人」と言われたら、誰もいませんでした。

「なんでマークしないんや？」

リスト一人一人を丁寧に見る。

正直、答えられませんでした。なんて答えたかも覚えていません。しかし、結果を出すためにも、それから僕は先輩たちに「徹底的に聞く」ことを始めました。

例えば、先輩が体験レッスンをやって成約いただきました！　という情報を聞いたら、その先輩に「○○さん！　五分お電話いいですか？」とすぐメッセージします。

電話して何を聞いたかというと、どういう人が体験レッスンに来て、どういう話をして、どう成約になったのかを教えてもらいました。そうすると、先輩が成約になった経緯を説明してくれます。

それを聞いて僕は「なるほど、そういう感じか！　自分もやってみよう！」と取り入れるのです。

で、また別の先輩が成約したという情報を聞いたら、同じように電話させてもら

多くの人はリストの取り扱いが雑。

います。こんなことを三カ月くらいやりました。

こうすると、先輩たちの成約になったパターンが二百通りくらい聞けるわけです。

そして、これを全部真似することにしたのです。

すると、どうなったか。

面白いもので、**先輩たちの真似をすればするほど、成約率が上がっていきました。**

もちろん、先輩たちに聞くことと同時に、しんどくても笑う努力をしたり、スクールを徹底的にピカピカにしたり、ということもやっていきました。

それだけ、当時の僕はスクール運営や、ビジネスというものをわかっていませんでした。

スクール運営で全国トップクラスになった現在の僕を見ると、「ズッキーはすご

リストの中にいるたった1人の出会いから、
人生が変わる。

い」、「ズッキーだから、あんなに売上が上げられるんだ」と思われるかもしれません。

でも、最初の頃の僕は、本当にダメダメでした。だから、ビジネスに必要なことを一度に、一気に吸収した感があります。当時があったから、今の僕があります。これは間違いありません。

だから、今苦しかったり、売上が低迷している人も、ちょっと意識を変えたり、ちょっと考え方を変えて、やるべきことを徹底してやるだけで、成果がグンと上がるはずなのです。全然ダメだった僕が言うのだから、間違いありません。

三カ月くらいそれを徹底していくと、不思議なもので、前は一カ月に多くて二人しか成約できなかった僕が、一カ月に八～十人成約できるようになりました。売上でいうと、百～百五十万円を上げられるようになっていきました。

成約率の高さは「獲得する」ではなく
「幸せを思う」エネルギーの量。

そこから僕は、ナナちゃん、平井ナナエを徹底マークするようになりました。というのは、僕はどこかで「受け身体質」だったことに気付いたからです。

学校教育って、基本受け身ですよね。時間通りに学校に行ったら、時間割通りに授業をしてくれる。それを勉強すれば、間違いはない。僕は、そういう流れに乗って高校、大学、社会人になっていきました。当時を振り返ると、ある意味学生マインドというか、従業員マインドのままで独立したのだなと思います。本当に草食系のオタク気質だったので（笑）。

しかし、それでは個人事業主、楽読スクールのマネージャーとしては独り立ちできない、ということもよくわかりました。だから、先輩に徹底的に聞きに行き、さらに上を目指したいと思って、ナナちゃんを徹底マークしようと決めたのです。

ナナちゃんが「四国に行く」と言ったら、「僕もついて行っていいですか？」。

自分は豊かであっていい。
という許可を下ろし続ける。

ナナちゃんが「韓国に行く」と言ったら、「僕もついて行っていいですか？」。
ナナちゃんが「アメリカに行く」と言ったら、「僕もついて行っていいですか？」と、どこへでもついて行きました。

そうすることで、**徹底マークしている人の思考法を自分にインストールしていきました。**成功している人は、やはり成功するだけの考え方、行動パターンがあるので、それを自分の中に取り込むのはオススメです。

そして、**誰かを徹底マークするということは、ある意味自力で何とかするのではなく、他力を活用するという発想です。**自力だけで頑張っても、限界があります。でも、他力を活用すると、物事が楽に進むことが多くあります。自分の理想を現実化するスピードは、格段に速くなります。まるでワープするかのように、です。

これは「知識としては知っているけど、やってない」という方も多いのではない

理想を見る力が、弱いです。

でしょうか。今の日本人、受け身な人がすごく多いなと感じます。だから、僕からも皆さんに質問したいと思います。

「徹底的にマークしている人は誰や？」と。

ここはナナちゃん風に、関西弁で聞いてみたい（笑）。即答できない方は、ぜひ、「この人は！」と思える人を徹底マークしてみてください。本当に、人生が大きく変わります。

絶対!!だと思ったら、絶対にいく。

自分の意識が変わる「十倍理論」

さて、ダメダメな時期を経て、僕は徐々に月々の売り上げを立てられるようになっていきました。ですが、まだまだ意識が弱いところもありました。

それは「お金を増やすマインド」。

これもナナちゃん、平井ナナエから教えてもらったものです。

大阪時代、僕は楽読の認知度を上げるため、そして体験レッスンに来てくれる人を探すために、よく名刺交換会に出かけていました。三千〜五千円くらいの参加費を払って、そこにいる人たちと名刺交換をして、楽読の体験を受けたい人を見つけて、体験レッスンに来てもらう、ということをしていたのです。

その甘さ。大丈夫?

ある日僕が心斎橋のランチ交流会に参加してスクールに帰ってくると、ナナちゃんがいました。会話の流れで「何してたんや？」と聞かれたので、「今日は心斎橋のランチ交流会に行ってました」と答えました。

すると、この質問です。

「で、結果は？　何人と繋がって、どれくらい体験に繋がった？」

この時点で、僕は正直なところ、突然の質問に面食らっています。

「えーっと、まだです」

「そのランチ会、いくらやったんや」

「五千円くらい、ですね」

子どもは親の影響を受ける。
その基準が伝承されてしまう。

「五千円もしたんか。で、結果はどうや？」

「いや、ゼロです……」

ここで、ナナちゃんの「お金を増やすマインド」が発動するわけです。

「十倍で返ってくる、ってセットしてるか？」

……しているわけがありません。初耳ですから（笑）。

「セット」とはどういうことかと言うと、自分の意識や目標をセットアップしているか。つまり、「こうなる」と決めているかどうか、です。

ナナちゃんの場合、五千円のランチ交流会に行くならば、「五万円返ってくる」

愛で飯を食う。

あるいは、「五万円以上の元を取る」とセットします。

これを僕は「十倍理論」と呼んでいます。

中身はとても簡単です。**自分が何かお金を支払った時、それが一桁多くなって返ってくると決めるのです。たった、**それだけのことです。驚くくらいめちゃくちゃシンプルですが、すごく重要な考え方です。

先ほどの例で言えば、五千円のランチ交流会に参加したから、絶対に五万円は元を取る、と決めるのです。**そうセットして参加すると、自分の気持ち、エネルギーが大きく変わります。**

誤解があるといけないので補足ですが、五万円分営業しろ、ということではありません。五万円分のエネルギーでその場を過ごせ、ということです。

人の喜びが自分の豊かさ。

この「十倍理論」は、どんなことにでも応用できます。

例えば、一万円払って新幹線で東京から名古屋に移動する時。僕の場合、今は既にこの理論が身に付いているので、**当然「十万円になって返ってくる」と決めているのです。**そうすると、この新幹線での移動時間の使い方が変わってきます。

例えば、SNSのメッセージを送ったり、インスタグラムを投稿したり。次につながる仕掛けを、新幹線の移動中にする。こうなると、十万円レベルの仕事を新幹線の中でしたことになります。

大切なことは、「支払ったお金が十倍になって返ってくる」と自分で決めることです。そうすると、その場や、その時間の過ごし方、意識が変わります。

ですから、支払った相手から直接十倍のお金をもらうことが目的ではありません。

「この人のサービスに千円払ったから、自分に一万円払ってもらえるようにする！」

受講生たちのお陰で、今の自分がいる。

ということが言いたいわけではありません。

「自分が支払ったお金が、十倍になって返ってくる」と決めること、そう意図をセットすることが何よりも大切だということです。

この「十倍理論」が自分の深いところまで定着するまでは、小さなことでも徹底的に取り組むことをオススメします。

僕はコンビニで百五十円のお茶を買う時も、電車に乗る時も、常に「十倍理論」を意識していた時期があります。そうすると、不思議なもので、楽読の体験レッスンの予約が入ってくる、ということがありました（笑）。

要するに、自分の意識をどこにフォーカスするかが重要なのです。「こうなる」と自分がまず決める。そうするとそれが現実化する。それを繰り返すと、**「決めたらそうなる」という信念が強まっていきます。**それを繰り返していくと徐々に、自

それを忘れたら、足をすくわれる。

然とそうなる、という段階に入っていきます。

最初は、「このお金を使ったら、十倍になって返ってくる」と決めて使うことからで大丈夫です。これは今日から、今からでもできることなので、ぜひ実践してみてください。

今いる既存の受講生を大事にする
回路を持った方がいい。

感謝が溢れると、自然と成功してしまう

ここまでは、ナナちゃんから教わった少しノウハウというか、「やり方」を中心にご紹介してきました。ここで書きたいのは「あり方」についてです。

僕が大阪でスクール運営をしていた当時、毎週金曜日に「直営スクールミーティング」というものがありました。

当時は楽読本体が運営するスクールが十五校くらいあり、直営スクールのマネージャーたちと、オーナーでもあるナナちゃんが参加するミーティングが行われていました。僕も直営スクールのマネージャーだったので、そのミーティングに参加していました。

ある日のミーティングで、なかなか結果の出ないマネージャーに対して、ナナ

毎月25日以降は、次月のための動きを。

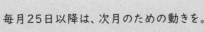

ちゃんがこんな質問をしました。

「感謝している？　感謝はある？　今の日常や、今ある一つひとつのご縁が、当たり前になってはいない？」

もちろん、言われた相手は「感謝してます」と答えていました。そのやり取りを聞きながら、僕はこんな風に思っていました。

「感謝？　ありがとうってことだよね？　大切だよね〜、わかる、わかる」

ナナちゃんは、こうも言いました。

「感謝が溢れる人ほど、成功するんや。感謝が溢れる人ほど、結果が出てしまうんや」

なぜかあなたに声をかけたいと思った。

僕はここで「?」となりました。

「感謝する」はわかる。何かモノをもらったり、何かしてもらったら「ありがとう」。それはわかる。でも**「感謝が溢れる」というのは、どういうことだろう……?** と、当時二十代前半の僕は疑問をもちました。

そのミーティングの後、いつもの通り集客したり、体験レッスンをしたり、僕も色々努力はしていました。しかし、ある時気付いたのです。

自分が本気でやっていなかった、ということにです。どこかで甘えていて、どこかで平和ボケしていて、どこかで、今のままでもいいかな、と思っている自分がいることに気づいたのです。

今のナナちゃんからは想像がつかないかもしれませんが、ナナちゃんって本当の本気モードがあるのです。本気も本気、超本気。人気マンガ『ドラゴンボール』で

自分に100万円受け取る価値があると思えているか。

言えば、スーパーサイヤ人どころか、スーパーサイヤ人ブルーくらいの本気モードがあるのです。

それだけ本気の人に触れると、いかに自分がやってないか、肚を括っていないか、口だけになっているかがわかってしまいます。当時の僕は、それに気づいてしまったのです。そこから、悔しさが溢れてきました。

自分は今まで、ぬるま湯の中にいた、ということに気付いたのです。だったら、必死のパッチでやってやる！　と思って、がむしゃらに取り組み始めました。

甲子園、最後の試合。ここでヒットを打たなかったらゲームセット。そんな窮地に追い込まれたような心境で、スクール運営に打ち込んでいきました。

そんな毎日を過ごしていたある日、**帰りの電車の中で、なぜか分からないけれど泣けてきたのです。**

電車の窓から夕陽が差し込んできて、その光に照らされているとなぜか泣けてきました。平和ボケじゃなくて、**必死にやっている。本気で命を使っている。自分の命を後悔なく、悔いなく毎日使い切っている、と思った時、「感謝」が溢れてきたのです。**

今、こうして自分が命を使えているということは、**僕の両親はもちろん、たくさんのご先祖様たちが命をつないできてくれたから。**それに、今まで応援してくださった方々、例えばナナちゃん、楽読の仲間たち、受講生さんたち。**そういう色々な方々のおかげで、今の自分がある。そんな想いがどっと湧き上がってきたのです。**

そのことを改めて感じて、めちゃくちゃ、ありがたいなと思ったのです。

その日の寝る前にも、感謝と感動が溢れてきました。命を使えていること、ご飯が食べられること、服を着られていること、屋根の下で眠れること。一見「当たり

受講生と一緒に考える。

前」に思えること全てが、本当にありがたいと思えました。

その状態で泣きながら眠りにつきました。翌朝目覚めたら、景色が全く違いました。全てがクリアに見えました。今は、かけがえのない時なのだ、と。

私たちは、死に向かって一歩ずつ進んでいます。だからこそ、このかけがえのない大切な時間というものに本当の意味で気づいた時、感謝が溢れる状態になったのです。

そこから**一人ひとりとのご縁を本当に大切にしよう、と思えるようになりました。**

今までは、少しでもたくさん集客しようとか、一人でも多く契約を取りたいとか、そういう考え方でしたが、売上は二の次になりました。それよりも、ご縁を大切にするという意識に切り替わっていきました。

無難な目標設定ではなく、
本当の希望を設定する。

そこから、人とのコミュニケーションが変わりました。メッセージ一つ送る時も、交流会でお会いした方と名刺交換をする時も、既存の楽読受講生さんと話す時も。感謝が溢れるし、目の前の人を本当に大切にしようという意識になりました。

そうすると、起きる出来事が変わりました。

例えば、体験レッスンだけ受けて成約にならなかった方が、お友だちを体験に連れてきてくれて、その方々が成約につながったこともありました。それ以外にも、紹介してくれる人が増えたりもしました。まさに「他力」です。ご縁をいただいた方々の「他力」が発動するようになりました。

ただこれは、**「成功したいなら、感謝しよう」といった表面的な話ではありません。**僕の場合、感謝が溢れるようになったのは、平和ボケから解放された時でした。危機的状況、ピンチに陥った時、当たり前のことが当たり前ではないのだ、と気付いて感謝が溢れてきました。

その現象、誰がつくっている？

例えば、自分が病気になると、自分の身体があることに感謝、健康に感謝できるし、身近で大切な方が亡くなって初めて、その人のありがたさだったり、あの人がいてくれたから、今の自分がいる、と感じられたりするのだと思います。

ナナちゃんは、それこそ三歳、二歳、一歳の娘を連れて家を出て、本当にピンチの連続を乗り越えてきたからこそ、今があるのだと思います。

別に何か一大事が起こってほしいわけではありません。しかし、安心・安全・安定、満足な状態に自分がいると、成長せずに退化してしまったり、感謝が薄れてしまうことが多いのも事実です。

感謝が溢れている人は、やはり醸し出す雰囲気が違いますし、魅力が溢れ出ています。そういう人のところに人は集まるし、信頼も得られるのではないかと思います。その結果、お金、売上にもつながっていくでしょう。

やった人にしかわからない世界がある。

これは、具体的に「こういうことをすると、こうなる!」みたいな話ではないので、ちょっと伝わりにくいかもしれません。ですが、とても大切なことなので、敢えて書いておきたいと思いました。

何か響くことがあった方は、ぜひ、取り組んでみていただけたらと思います。

みんなの声で絶対に良いものができる。

第2章 チェックポイント

□苦しい時にこそ、全力で面白がっているか
□自分のことしか考えていない人になっていないか
□相手の幸せを本当に想っているか
□集客するよりも掃除を最優先にしているか
□徹底的にマークする人を決めて、徹底的に真似しているか
□お金を支払う時は「十倍で返ってくる」と決めているか
□そもそもへの感謝をしているか

今月の目標は？

第3章
「仲間と共に」成長する

成果が大きく変わる「リストアップ」

大阪である程度売上、結果が出せるようになった僕は、今度は名古屋に異動になりました。

当時、名古屋にも楽読の直営スクールがあったのですが、マネージャーがいませんでした。そこで、僕が行って名古屋、愛知エリアを盛り上げるという役割を担うことになったのです。

その頃、僕はそこそこ売上を上げられるようになった一方、さらにレベルアップというか、スクール運営をブラッシュアップしたいと思っていた時期でした。そこに、渡りに船という感じで、ナナちゃんが名古屋に来る機会があったのです。

そこで僕は時間をもらって、ナナちゃんに色々質問をぶつけました。するとナナ

数字をいつチェックするか、決めておく。

ちゃんは、僕にこう質問してくれました。

「百人リストはある？」

お客様やご縁のある方をリストアップしておくことが大切、ということは僕も知識としては知っていました。マーケティングの勉強をすると、こういうリストが重要で、このリストに載っている人たちに情報発信をする、みたいなことをよく聞くと思います。でも、当時の僕はそういうリストを作っていませんでした。

ナナちゃんは、ナナちゃん自身が作っているリストを僕に見せてくれました。

ナナちゃんのリストを紹介すると、携帯のメモ帳がフォルダ分けされていて、例えば「沖縄で会った人」とか「交流会で会った人」みたいなメモがたくさんあります。そこに、会った人の名前が書いてある、そのくらい簡易的なものだったのです。

結果を出すことが「難しい」と思い込んでいませんか？

当時の僕は、きっちりリストを作らないといけない、エクセルやスプレッドシートにまとめて、ちゃんと管理しないといけないと勝手に思い込んでいました。でも、ナナちゃんのリストを見せてもらって「あ、メモ帳でいいのか」と気付かされたのです。

ナナちゃんのメモ帳方式だと、携帯メモを取り出してすぐリストに人を追加できるくらい簡単になっている。この方が楽だし、続くと思ったのを覚えています。

ナナちゃんは**「リストがない限り、結果は出ない」**とすら言っていました。

なぜ、リスト化する必要があるのか。それは「覚えきれないから」です。せっかくご縁をいただいたとしても、何百人、何千人ものことを覚えておけない。だから、リストアップしておく必要がある、ということです。

さらに、ナナちゃんのリストを見せてもらって驚いたのは、**そのリストアップし**

変化を面白がる。

た人たちそれぞれに関して、「この人は次にここに着地する」「この人はこうなる」と明確に書いてあることでした。

ナナちゃんの場合で言えば、この人は楽読の体験レッスンにつながる、この人はリターンスクールの体験会、この人はこのイベントに参加する、といった具合に「次のアクション」が明確に、丁寧に書かれていたのです。

誰に、いつ、どこで出会ったか。そして、その人に対して次にどういうアプローチをするか、どういうアクションをするか。さらには、「いつアプローチするか」まで書いてある場合もありました。

楽読の体験レッスンに来てくれる人を増やそう！　と思ったら、まずリストを見る。そうすると、この人には次、楽読体験レッスンを案内しよう、という方々の名前が既にあります。だから、その人たちにアプローチすればいいのです。

私たちは導き者。

つまり、わざわざ新しく誰かと繋がりに行かなくてもいい、リストを見れば答えが見つかる、という状態だったのです。

キーワードはすぐにメモ帳に書き記しておく。

一人ひとりの「ゴール」をイメージする

そしてもう一つ、ナナちゃんから何度も言われて、僕の心に残っているのが「一人ひとりの着地を丁寧にイメージするんや！」という言葉です。

一流のアスリートたちも、よく何度もイメージトレーニングをして、自分の最高のプレーを思い描いてから試合に臨む、と言いますよね。それで、イメージした通りの結果が出る時も出ない時もある。ナナちゃんは、まさにアスリートのようにイメージしているのだな、とその時感じたのです。

リストのことで言えば、この人が次にこうなって、こうなっていく、というのを勝手にイメージするということです。

それ以来、僕も出会った人をリストアップして、この人に次は何を伝えるか、ど

「人として」の在り方が重要。

うアクションするか……ということをイメージするようになりました。それから、段々リストを見るだけで、今何をすべきかがわかるようになっていきました。ここまで到達するには、繰り返しの修練も必要だと思います。

そして、ここからがナナちゃんの真骨頂です。

「その人たちの幸せを想うんや。その人たちの幸せを願うんや」

出会った方々、ご縁をいただいた方々の命や人生、それを丸ごと承認して、ご縁に感謝して生きている。ナナちゃんはそうやって毎日生きているということが、その言葉から伝わってきました。

正直、文章でどのくらい伝わるか、僕も自信がありません。その時のナナちゃんの言葉、あるいは空気感、波動は、本当にすごいものでしたから。

口では言うけど、やっていることが違う。

だから僕は、単なる潜在顧客のリストアップとか、集客とか、マーケティングとか、そういう表面的な話ではなく、気持ちの部分、本質的なことをお伝えしたいと思っています。

ついつい、自分が作ったリストを見て、どうやって自分の商品やサービスを売り込もうか、とか、誰が契約してくれそうか、とか、そういう風に考えてしまうことが多いのではないでしょうか。僕も、以前はそういうところがあったかもしれません。

でも、ナナちゃんは違いました。一人ひとりに感謝と、幸せになってほしいという願いを、本当に心の底から込めていたのです。

そういう意識、姿勢でリストを見て、その人たちの幸せを願ってメッセージを送ったり、何らかのアプローチをするから、想いが伝わったり、何か惹き付けられたりするのです。ただ数打ちゃ当たる的なアプローチとは、根っこが違うと僕は感

自分も相手も仲間も全員が豊かになる。

じています。

ナナちゃん流のリストの使い方を、もう一度まとめます。

①結果を出したいなら、集客したいのなら、リストアップ。
②名前、いつどこで会ったかを書く。
③次のアクションの着地点を必ず書く。
④その人の幸せを想い、感謝する。
⑤そのモードからメッセージを送る、アクションをする。

もし、自分が誰かのリストに入っていて、「とりあえずメッセージ送っておこう」とか、「イベントに来てくれたらラッキー」とか、そういう感じで扱われていたら、どう感じますか？

逆に、「あなたの幸せを願って、感謝して」という想いでメッセージをもらえた

言ってみないとわからない。

ら、どうでしょう。受け取る印象が、全然違いますよね。

こういう送り手のエネルギー、意識、波動は、受け取る側にも確実に伝わります。それは、文面が丁寧だとか、軽いとか、そういうことではありません。送り手が何を思ってメッセージしているかが、言葉以外の「何か」で伝わってしまうのです。

「そんなバカな」と思うかもしれませんが、これは紛れもない事実です。目に見えない世界のことを軽視してもいいですし、バカにしても構いませんが、これからの時代、それではビジネスで勝っていくことは難しいと思います。少なくとも、僕はそう思っています。

ぜひ、このあたりもしっかり受け止めて、リストアップをしてみてほしいなと思います。

みんなと楽しんで上手くいく！
というチャレンジを！

「想い」「行動」「結果」を一致させる生き方

「自分の想い」と「行動」と「結果」を一致させること。

僕自身は、こういう生き方をしたいと思うし、もう少し踏み込んで言うと、こういう生き方をしている大人がもっと増えてほしいなとも思っています。

なぜ、そんなことを考えるようになったのか。それは僕が二十六歳の頃、ちょうど結婚する前後あたりに起きた出来事がきっかけになっています。

当時の僕は、楽読のインストラクターを始めて二年くらい。売上で言えば、毎月コンスタントに百万円は上げている状態でした。楽読スクールで出会った奥さんと結婚し、ウキウキ、ウハウハで幸せな状態だったと言えます。

毎週、定期ミーティングを設定する。

そんな中、アメリカのシャスタに行く機会がありました。ナナちゃんがシャスタに行くので、僕らもついて行く、という流れでした。

その旅行中にナナちゃんに言われた一言が、なかなか厳しいというか、辛辣というか、辛口なコメントでした。

「口だけやな」

当時、僕は奥さんと二人でスクール運営をしており、二人で月に百四十〜百五十万円くらいの売上を上げていました。楽読スクールとしては、悪くない。むしろ、当時で言えば全スクール中トップクラスの数字でした。

それだけの結果を出していたのに、なぜナナちゃんは僕らのことを「口だけ」だと言ったのでしょうか。

目標を達成するための具体的なスケジュールになっている？

僕らは当時、「語る」のが好きでした。

「日本社会のために、この仕事をする」とか、そういう話をするのが好きでした。確かに、想いは間違っていません。自分らしく生きられる人を増やして、日本社会をもっとよくしていきたい、その想いは間違いなくありました。

では、「日本社会のために」という視点から見た時に、月商百五十万円という数字はどうなのか。**それで本当に日本社会は変わるのか？　ナナちゃんはそう問うていたのではないか、と思います。**

本当にそれを目指すならば、そのレベルの行動をしているのか。ズッキーは、口だけで大言壮語を吐いているだけではないのか……。そういうことを言いたかったのだと思います。

当時を振り返ってみると、確かにいい感じの結果は出せていました。でも、本当

理想の状態と、
目の前の行動が一致しているか。

に自分が成し遂げたい目標、言い換えれば、人生をかけて成し遂げたい志から見て、**今の結果はどうなのか？　この視点は持っていませんでした。**

志から見れば、当時の結果でも「悔しい」と思うくらいだったかもしれません。なのに、フワフワと「もうすぐ結婚だ〜」なんて確かに浮かれていたなと思います。

ナナちゃんから「口だけやな」と言われて、ハッとしました。

当時の現在地、売上、行動がいかにショボいか、ダサいかを思い知ったのです。

それから自分のミッションやビジョン、「本当の理想」から見て、現在の自分の状態や結果に満足がいくか、そのレベルに伴う行動ができているか？　をチェックするようになりました。

これが、冒頭に書いた「自分の想い」と「行動」と「結果」を一致させる、とい

みんなで達成した喜びを味わってから、
行動する。

うことに繫がっていきます。

想いを語るだけなら、ぶっちゃけ、誰にでもできます。でも、**その想いを現実化させるための行動ができているか？そして、それに見合った結果が出せているか？**想いをただ語るより、こちらの方が何倍も、何十倍も大切です。

想いを語るだけでは全然ダメです。想いを語り、行動していても、現実が伴っていなければ、誰も納得させることはできません。想いを語り、その想いに合った行動をし、なおかつ結果を出している。それでこそ、物事は変化していくのです。

「言ってるヤツより、やってるヤツ。やってるヤツより、できたヤツ」

これは、僕もナナちゃんも尊敬している、「中心道」「コアチューニング協会」創始者の須田達史さんの言葉です。まさにこれが、「想い」と「行動」と「結果」を一致させることの大切さを端的に表していると思います。

みんなで力を合わせて楽しむ！
という空気感を作る。

皆さんは今、「自分の夢とか本当の理想」と、「今出している結果」と、「行動」、これが本当に一致しているでしょうか。この理想が「口だけ」になってはいないでしょうか。口だけではなくて、そのレベルの行動をしているでしょうか。

少し辛口かもしれませんが、こういうメッセージを、敢えてここで皆さんに投げかけたいと思います。僕もまだ、「口だけ」の部分はあるかもしれません。「口だけ」の人のところには、誰も集まってきません。有言実行を続けている人のところにこそ、人も、お金も集まってくる。僕はそう思っています。

自分の理想を現実化したり、売上を上げたり、目標を達成したいのならば、ぜひ「想い」と「行動」と「結果」、これを一致させる生き方を目指していただきたいと思います。

こんな時こそ、面白がるスイッチを入れる。

「節目ごとの意図確認」が、全てを変える

「節目ごとの意図確認」という言葉を、皆さんは聞いたことがあるでしょうか。

これは『引き寄せの法則・エイブラハムとの対話』という本の第五章に出てくる言葉です。楽読、あるいはナナちゃんに関係する人たちの間では、広く知られている内容です。僕の周りで結果を出している人にとっては、これは常識と言ってもいいでしょう。

まず、理想を現実化するために必要な大まかな仕組みというか、考え方をご説明します。

理想を現実化するためには、人間の「意識」がとても重要です。目に見えない意識が、目の前の現実を創り出しているということを、まずは理解してください。ビ

言動や行動があなたの答え。

ジネス的に言えば、意識の上に、やり方や仕組みを構築して結果を出していくのです。

つまり、「やり方」や「仕組み」の前に、自分の「意識」がどこに向いているか、これがとても重要です。優先順位は「意識」の方が断然高いのです。この土台の上に、やり方や仕組み作りをコツコツ継続していくと、スゴイ結果が出せるというわけです。

この「意識」をコントロールするのにとても有効なのが「節目ごとの意図確認」です。

具体的に何をするか。これは読んで字のごとく、何かを始める前、つまり「節目」に、「意図」を「確認」するということです。でも、これではわからないですよね（笑）。

言っていること、やっていることがすべて。

例えば、朝起きてトイレに行く前とか、歯磨きをする前、家を出る前、車に乗る前、あるいは電車に乗る前等々、人間の一日には、たくさんの「節目」があります。**この節目節目で、自分はどういう状態になったら嬉しいか、という理想を描き、そうなると決めてからアクションする。これが「節目ごとの意図確認」です。**

例えば、車で移動する際。車に乗る前に「今日も安全で、快適なドライブができて、スムーズに目的地に到着できました」とセットしてから、運転を始める。そうすると、安全運転で、何のトラブルもなく、渋滞しているはずの道がスルスル通り抜けられて、スムーズに目的地に着いた……といったことが起こる、と『引き寄せの法則』には書いてあります。

初めてこの話を読んだ方は、疑いの目で見ているかもしれません。特に男性陣……。かく言う僕も、最初の頃はかなり疑ってかかっていました（笑）。

今はドライブを例に取って書きましたが、これを皆さんがやっている事業や、

目標が達成されている位置でいて下さい。

日々の生活に置き換えて考えてみていただきたいのです。

わかりやすい例として、僕の名古屋時代の話を書きたいと思います。

当時、僕が担当していた名古屋のスクールは、駅から近くて、広さもあったので、よくナナちゃんを呼んでお話会やミニ講演会などを開催していました。

イベントはとてもいい雰囲気で終わり、懇親会も終わって、みんな帰っていきました。そうすると、僕とナナちゃんだけが残ります。その後、速攻で振り返りが始まるわけです。

『今日はどうだった？』

これが定番の質問でしたね。この言葉の裏というか、真意を解説すると「今日は何人が楽読の体験レッスンに繋がって、どういう結果になったか？」ということで

目標達成に許可を下ろして下さい。

す。今ならば、そういうこともわかります。

でも、当時の僕はまだまだでした。

「今日は楽しかったです」とか、そんな回答をしていたと思います。

僕はその当時、「自分が理想とする結果」を決めずに、イベントを開催していたわけです。「節目ごとの意図確認」で言えば、アクションを起こす前の意図の設定がありませんでした。あるいは、非常に弱かったのです。

なので、イベント自体は楽しかったけれど、楽読の体験レッスンとか、そういった具体的な結果にはつながらなかったという経験があります。**何かアクションを起こす前には、かならず結果を決めておくことが大切です。**この節目ごとの意図確認を、ナナちゃんはそれだけ大切にしているということなのです。

どんなルートから来ても良し！

では、具体的にどう決めたらいいのでしょうか。**一番やりやすいのは、何かアクションを起こす前に、書き出すことです。**楽読のインストラクターさんなら、体験レッスンをする前や、イベントを開催する前です。そのアクションが終わった時に、どうなっていたらいいか、どういう結果を出したいかを書くのです。

例えば、体験レッスンをする前なら「来てくださった方が笑顔になって、感動して、成約になりました」ということを、僕は十回くらい書いてから、体験レッスンに臨んでいました。

イベントの前なら「参加してくれた方が全員笑顔になって、そのうち十人が楽読体験レッスンに繋がり、八人が成約になりました」といった意図を書いておきます。紙に書くのでもいいですし、スマホのメモ帳アプリに書くのでもいいでしょう。とにかく、書いてからそのアクションを始めていきます。

そうすると、やっぱり結果が出やすいのです。

丁寧に連絡する。

注意点としては、アクションを起こす前に意図を確認はするけれど、実際にそのイベントや、体験レッスンが始まったら、これを一旦手放すことです。

「こうなりました！」と決めて、一度手放します。その上でこの時間を楽しもう、という具合に切り替えます。そうして、イベントが終わった後に蓋を開けてみると、書いたとおりの結果になっている、ということが多々あります。

意図確認をして、決めて、書きます。でも、あまりにそれを意識しすぎると、今度は力んでしまって、営業っぽくなってしまうこともあります。だから、アクション中はすべて忘れて、楽しむこと。これが結構ポイントです。

これは、三日坊主になりやすいので、まずは三週間続けてみていただきたいと思います。どんな小さな節目でもいいので、節目ごとの意図を確認します。

それがあなたの理想ですか？

僕は、二カ月くらい徹底的に取り組んでみた時期があります。お風呂に入るから「余裕の百五十万円」、玄関を出る時にも「余裕の百五十万円」、スーパーでお惣菜を買ったから「余裕の百五十万円」と、節目ごとに百五十万円を唱え続けていたことがありました。もう、ある意味「百五十万円病」です（笑）。

そうすると、どうなったか。不思議なもので、本当に百五十万円の売上が上がるようになったのです。

これは極端な例かもしれませんが……。とにかく、アクションを起こす前に「これをすることで、どういう結果を得たいのか」、「どうなったらいいか」を決めておく、ということがとても大切です。

「節目ごとの意図確認」。ぜひ、取り組んでみてください。

自分の好きな場所へ月に一回は行く。

理想が描けない時に、大切にすべきこと

「そうは言っても、理想なんて描けない」とか「自分が本当は何がしたいかわからない」「自分の本当の理想が見えない」とか、モヤモヤすることはないでしょうか。僕は普通にありました。

当時の僕は、理想が上手く描けなかったり、理想を紙に書いてはいるのだけれど、上手くカタチになりづらかったり、それで悩んでいました。

楽読スクールの運営について、ナナちゃんや先輩から教わったことや、自分で経営について学んだこと、コミュニティやチーム作りなど、色々吸収したことを理想として紙に書いていたのですが、現実化しなかったのです。

困ったときは、ナナちゃんです（笑）。当時、僕が悩んでいたことを質問してみ

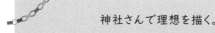

ました。その時に返ってきたのは、こんな一言でした。

「ズッキー、自分が描いた理想や夢、ビジョンに、許可は降りてる？」

今も忘れない、二〇一七年。アメリカのグリフィス天文台というところで、とても美しい夕焼けをバックに、ナナちゃんからその言葉を聞いたのです。この時の光景、言葉、空気感は、未だに僕の脳裏に焼き付いています。

「許可を下ろす」とはどういうことだ？　と、当時の僕は思いました。

たぶん「？」みたいな顔をしていたのだと思います。ナナちゃんは、もう少し具体的に話してくれました。

「『何でも許されるとしたら、どうしたい？』と、自分に聞いてあげるんや」

家族との関係を良くしていくと
エネルギーが流れ出す。

何でも許されるとしたら。実は、この「何でも許されるとしたら、どうしたいか?」という問いには、スゴイ効果があると思っています。

通常人間には、今までの人生を生きてきて、過去から現在に至る「経験」があります。例えば僕で言えば、今年で三十一歳ですから、三十一年分の経験があります。言い換えると、三十一年分の常識や、固定観念があるということです。これは誰にでも例外なく当てはまります。

例えば、過去に失敗した経験や、トラウマ、物理的にこうだから、とか「これはこういうものだよね」という思い込みなど、色々な経験、それに基づく常識、固定観念があります。これがあると、自分の理想を本当に自由に描くことが難しくなってしまいます。

だからこそ「何でも許されるとしたら」という枕詞がものすごく効果的なのです。

無視しようとしても、結局、長くは続かない。

「何でも許されるとしたら」と仮定すると、過去から現在に至るまで積み上げてきた常識や固定観念が無効化されます。だって「何でも許されるとしたら」なのですから。

ありとあらゆる固定観念や思い込みが外れていって、まるで自分が赤ちゃんになったような感覚で、「これからの未来をどうしていきたいか」を描けるようになるのです。

「何でも許されるとしたら、どうしたい？」と、ナナちゃんに奥深く聞いてもらった時、やっぱり見える景色というか、映像が違うのです。そこで、本当の自分の理想が見えてきたことが何度もあります。

それと同時に「あ、許していいんだ……」。

『何でも許されるなら』って、自分に言っていいんだ」と思ったのです。

結果が出ないのは「あり得なーーーい！」。

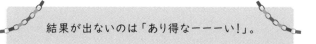

どこか無意識で、自分が好き勝手な理想を描くなんて許されない、なぜなら、人に迷惑をかけるかもしれないし、相手はそんなことを望んでいないかもしれない……といったことを考えている自分にも気付きました。

「何でも許されるとしたら」を自分の中に聞きに行くと、本当の理想、自分が思い描く理想形がどんどん出てきます。これを、ナナちゃんは「勝手にシナリオ」と呼んでいます。

「何でも許されるならば」を感じて、勝手にシナリオを描くのです。別にこれは、誰かに強要するものではなく、自分がこうなったら、めちゃ嬉しいな！　という、この「嬉しい」感情を味わうことが大切なのです。

グリフィス天文台でナナちゃんからその言葉をもらって、僕はその日の夜、ホテルで理想を描いてみました。そうすると、理想がどんどん描けて、見えてくるのです。

定期的に自分と数字を見直しする。

僕が当時思い描いていた理想は、仲間と一緒にスクール運営をすること、そして、僕がいなくても仲間が売上を上げてくれること、でした。

「何でも許されるとしたら」のエネルギーで、僕が理想を描いていくと、始めた三日後には、日本にいる仲間から「成約になりました」という報告が届いたのです。

僕はアメリカにいて、仲間は日本にいる状態で、です。

僕が「何でも許されるとしたら」と思えていない時は、もっとガチガチというか、がんじがらめになっていました。まさに、「自分の理想に許可が下ろせていない状態」だったのだと思います。

「何でも許されるとしたら」。この問いは、本当に魔法の言葉だと思います。この質問を自分に対して送ることで、自分の本当の理想に許可を下ろせるようになりま

どうしても気になることは
「やれっ!」っていうメッセージ。

す。

理想を描くことにブレーキがかかっていると感じる方、あるいは、理想を描いてはいるけれど、しっくりこない、なかなか形にならないと感じている方は、ぜひ「何でも許されるとしたら」という問いを、自分に投げかけてみてほしいと思います。

あれもこれもやりすぎたら収集つかなくなる。

第3章 チェックポイント

- □百人リストを作成し、更新しているか。
- □リストにいる一人ひとりの幸せを願い、出会えたご縁に感謝をしているか。
- □口だけになっていないか。行動と結果は伴っているか。
- □「理想の結果」を決めてからアクションをしているか。
- □「理想が叶っていい」と、許可は降りているか。

人間は忘れる生き物。

第4章

「経営者の道」を歩む

代表になる「恐怖」を乗り越えて

名古屋でも、ある程度結果を出せるようになった僕は、二〇一八年にRTHグループの関連会社で代表を務めることになりました。

どのような会社かと言うと、当時は「直営スクール」といって、楽読本部がフランチャイズオーナーになるという運営形式があり、僕が代表を務めたのは、その直営スクールを管轄する立場の会社でした。

これは、ナナちゃんから直々にお話をいただきました。驚きましたが、自分の肚の声を聞いたら「行け、やれ」というので、受けることにしました。

ただ、自分の中には恐怖心がすごくありました。会社の代表、いわば経営者なんて経験したことがなかったですし、当時はその会社が管轄していたスクールが全国

人から言ってもらえる環境設定。

に十四校あり、そのスクールのマネージャーが全員僕より年上だったのです。

自分よりも人生経験のある、スゴイ人たちのトップに立つということは、ものすごく勇気のいることです。当時は、恐怖で手足が震えたり、声が上手く出せなかったりすることもありました。

二〇一八年の一月に代表のオファーをいただき、四月にナナちゃんを筆頭に、楽読の経営陣が集まるミーティングに初めて参加させてもらうことになりました。でも、まだその時は代表「候補」でしたから、自分が「代表」であるという状態が当たり前になるまで、一週間くらい潜在意識に打ち込む作業を繰り返しました。

自分のスクールに行って「オレは、この会社の代表なんだ!」と自分に言い聞かせるように叫びまくっていましたが、恐怖で声が出ません（笑）。声が出ない状態で、叫んでいる感じでした。

初歩的なことをやるだけ。

そうして迎えた合宿当日。奥さんに言わせると、「死ぬような覚悟で出掛けて行った」らしいです。自分では覚えていないのですが（笑）、奥さんや息子に「今までの人生、ありがとう」と言い残して旅立っていったそうです。しかし、そこまでしても、「自分が代表だ」というところまで肚落ちしていなかったのも事実でした。

そこから迎えた合宿。自分の中にある恐怖と、それでも自分がやらなければ！という想いが葛藤する中、かなり力みながら「代表をやります」と宣言したのを覚えています。

代表に就任して、実は最初はいい感じでした。自分の中で、この組織の課題はここだろう、というものがいくつか既に見えていたので、その課題を解決する手を打っていったのです。

例えば、当時はみんなナナちゃんから数字の見方について教わっていて、身に付

まずは1つのことから徹底的にやってみよう。

いてはいました。ただ、何となく「気」が楽しくなさそうだったので、ミーティングで「まずは楽しもう、夢を語ろう」と提案しました。そうして、みんなで夢を語って波動を上げるということをしたら、売上が全体的にすごく上がったのです。

しかし、その後、事態が急展開します。この頃の実績を買われて、新たに楽読スクールを開校する人は全員、いったん僕の会社で経験を積んでから、加盟金を払って開校するという仕組みに変わったのです。

ちょうどその頃は、楽読のインストラクターも増加傾向、スクールを開校したいという人も増えていた時期で、新人さんが集まってきました。

一方で、結果を出している人は本部に加盟金を支払って独立する仕組みになっているので、売上が伸びているスクールはどんどん独立し、僕の会社から巣立っていきました。

それ、何かのせい、誰かのせいにしてない？

例えて言うなら、高校三年生や二年生のスタメンが引っ張ってバスケの全国大会に出場していたチームから、そのスタメンがどんどん卒業していき、最終的には、高校一年生の初心者チームになり、そのメンバーで高校バスケの全国大会に挑むような状態でした。みんなにドリブル、パス、シュートを一から教えて、試合を迎えるという感じです。

当時、一番きつかったのは、自分の想い通りにならないことです。人を動かす難しさを、身をもって感じる日々でした。

毎週金曜日にミーティングを設定しても、出席する人としない人がいる状態です。会社でありながら、雇用主と従業員という関係ではなく、あくまで個人事業主の集まりという難しさもありましたが、なかなか厳しい状態でした。

そうかと思えば、売上が上がらないと「ズッキー助けてくれ」みたいになることもある、かなり辛い経験をしました。

1日そのレベルの行動で、
本当に目標が達成できると思います？

ただ、振り返ってみると、当時は大阪・名古屋でスクールマネージャーとして積み重ねてきた経験、言い換えると、個人事業主的な発想で、多くの人が関わる会社の代表をやろうとしていたのだと思います。

経営者の仕事は「イメージする」こと

今までは、自分のスクールで自分が頑張って、百万円なり百五十万円なりの売上を上げればよかったのです。万が一、売上が上がらなかったとしても、僕が責任を負えばよかった。それこそ六百円のランチでごはんを三杯も四杯も食べて、凌いでもなんとかなったわけです。

しかし、会社の経営はそういきません。僕の舵取りがマズければ、当然会社全体の売上が下がります。そうなると会社は立ち行かなくなります。加えて、各スクールのインストラクターたちの生活もかかっているのです。**責任の重さが全く違うのです。**

そういう状況の中で、僕はにっちもさっちも行かなくなりました。

「ある」と思っているか「ない」と思っているか。

今まで取り組んできて成功したこと、例えばトイレをピカピカに掃除してみたり、節目ごとの意図確認を何度もやってみたり、「ありがとう」を唱えてみたり、をとにかく徹底してやってみました。

加えて、スクールのリストや売上目標が書かれた紙を家じゅうに貼っていました。とにかく、潜在意識に打ち込もうと思ってやり続けてみたのです。

他にも色々な人の真似をして実践したり、本を読んでトライしてみたり、色々試してみたのですが、それでも経営が苦しくなっていった時期がありました。

そこで……この本をここまで読んできて下さった方なら、何となく想像が付くと思いますが、僕がどうしたか…。そうです。ナナちゃんに相談したのです。

すると、ナナちゃんは僕にこう言ってくれました。

それ、悲劇のヒロインっぽいね！

「経営者の仕事は、イメージすることや！」

実はこの言葉、これより前にも何度も何度も言われていた言葉でした。

「ズッキー、イメージしてる？『ていねいに』イメージするんや」

何度も何度も、本当に繰り返し言ってもらっていたのですが、僕はこれを頭で理解していただけだったのだと思います。本当にイメージが大切だということが、腑に落ちてはいなかったのです。

でも、もう実際に経営が大ピンチで、にっちもさっちもいかない状態になっていたので、やるしかない、と肚を決めたわけです。

ナナちゃんに具体的に方法を訊ねたところ、「夜、寝る前」と「朝、起きた後」の時間が重要だと教えてくれました。

寝る前、そして起きた直後というのは潜在意識にアプローチしやすく、自分の内面、自分自身の意識が書き換わりやすい時間帯なのです。

ですから、僕は寝る前に、担当していた全スクール名と、インストラクター名、それから理想の売上が載ったリストを見て、一人ずつ丁寧にイメージする、ということを始めたのです。

「○○スクールの○○さん、このぐらい売上が上がって、笑顔だな」とか「○○スクール、こんなに人が集まってるんだ！」など。一人ひとり、スクールごとに丁寧にイメージすることにしたのです。

長い時で一日一時間くらい、リストを見ながらイメージしていました。そうすると、どっちが現実で、どっちが理想のイメージの話なのか、段々分からなくなってきました。正直に言えば、そのくらいピンチだったとも言えます。

とにかく振り切れ!!

でも、僕の頭には、ナナちゃんの言葉が鳴り響いているわけです。

「ズッキー、丁寧にイメージするんや！」と。

それを続けているうちに、実際にそうなっているイメージがさらに広がっていくのを感じることができました。「実際にそうなっている」感覚になる、という感じです。

リストに載っている一人ひとりがイメージできて、こうなっていて、というイメージが描けるようになっていく。そうすると、「ありがたいな、感謝だな」という気持ちが不思議と湧き上がってきたのです。

これを毎晩続けて、毎朝、意図確認し続けた結果、どうなったか…。なんと、各スクールの売上が少しずつ上がっていったのです。

先輩達をごぼう抜きや！

このイメージングを続けていくと、昼間カフェに行った時、経営のアイデアが閃いたり、YouTubeから有益なヒントが得られたり、理想を現実化するためのアイデアや情報が目に留まるようになってきたのです。

その結果、イメージする取り組みを始めてから約一カ月後には、会社全体で過去最高の売上を記録することができました。今でも「これ、スゴイと思いませんか！？」と思わず言いたくなります（笑）。

自分が運営しているスクールで結果を出すのは、さほど難しいことではありません。もちろん、最初の頃はめちゃくちゃ苦労しました。しかし、やればできます。それに対して、日本全国にある二十八スクールの結果を出すというのは、なかなか至難の業でした。

それを実現できた要因は、何とイメージの力だったのです。

1人で考え込むことをしないで。

ナナちゃんはよく、「経営者、リーダーはずっと先を見ていないといけない」と言います。

わかりやすく言えば、経営者やリーダーは、大きな船の船長のような存在です。船長が船を操縦したり、船室のベッドメイキングをしてはいけない。

船長は双眼鏡を持って遠くを見て、あっちに雲が出ているなとか、こっちは波が立っているなとか、あそこに氷山があるぞとか、状況を常に把握し続けている必要があるのです。

言い換えると、それくらい高い視座で世の中を俯瞰して、どう舵を切るか、どういう航路を採るかを見続け、判断し続け、イメージし続けることが必要だと言われたのです。だから、一人でビジネスをしている時の結果の出し方と、経営者の結果の出し方は、全く違うのだと教わったのです。

すぐに誰かに相談して。

とは言え、ここで書いたことは、一人で事業をしている方にも参考になることだと思います。夜寝る前に、自分の事業で関わっている方や、お客様、受講生さんのリストを見て、その一人ひとりがどういう表情になっているか、どんな風に笑顔になっているかをイメージして眠りについてみてください。

既存のお客様、受講生さんを大切にして、その方々が喜んでくれる。この商品を買って、このサービスを受けてよかった、とどれだけ多くの人が思ってくれるかが、皆さんの事業がうまくいくかのポイントです。

もし、あなたの商品・サービスを利用して、すごくよかった、大げさに言えば人生が大きく変化したとしたら、自分の変化を周りの人に口コミするでしょうし、その商品・サービスを提供してくれたあなたに恩返ししようとしてくれたりします。

やることは、簡単。イメージすることです。

「変化」に抵抗がある人がたくさんいる。

言い方を換えると、「関わる人の幸せや成長を、祈ること」です。

既存のお客様や、ご縁をいただいた方々のリストを見て、その方々一人ひとりの素敵な笑顔をイメージして眠りについてみてください。それだけで色々なことが変わってくるはずです。寝る前の時間はそのくらいパワフルで、大きな影響力を持っています。ぜひ、試してみてください。

誰かを成功させるという経験を積む。

経営者は「質素にセコくいく」

僕がＲＴＨグループの関連会社代表に就任する前後のこと。

僕は、自分で言うのもなんですが、まあまあの収入を得ていました。ただ、色々な自己投資をしたり、ナナちゃんに付いて色々なところへ行ったりと、出費の方もけっこうありました。

気が付くと、そこそこの収入を得ているはずなのに、貯金ができていませんでした。ほぼプラスマイナスゼロ。もちろん自分としても貯金をしようと色々やってみたのですが、なぜか貯まらなかったのです。

一番ひどい時は、貯金が二十一円になってしまいました（笑）。これはちょっとひどいですね。収入がないわけではないのに、こうなっているわけですから。


自分１人で成功するのはあり得ない。

真渡一樹個人であれば、まあいい……もちろんよくはないですけれど、そこまで重大なことではないかもしれません。しかし、僕は奥さんもいて、子どももいて、さらに、ＲＴＨグループの関連会社代表を務めていました。一会社の代表が、そういう経営状況というのはさすがにマズいです（笑）。

そうなった時、いつものごとく、ナナちゃんからの一言があったわけです。

「ズッキー、質素にセコくいくんや」

「セコい」という言葉、何となくニュアンスは伝わっているでしょうか。ケチというか、無駄遣いしないというか……、そういう雰囲気で捉えていただければよいかと思います。

僕の中で経営者と言えば、タワーマンションに住んで、高級車に乗って、ブランド物を身に付けて……そういうイメージが強くありました。ドラマやテレビＣＭ、マンガなどからインプットしてきた情報が確実にありました。

そうでなくても自分に投資をしたり、楽しいことにお金を使う方が、波動が上がるし良いのではないか？　と当時の僕は思っていました。しかし、**ナナちゃんは「質素にセコく行け」と言うわけです。**

そう言われて、ナナちゃんのお金の使い方を見てみました。すると、確かにナナちゃんは豪快にお金を使うことがほぼないのです。

例えば新幹線に乗る時は、グリーン車でも指定席でもなくて自由席。飛行機も、ほとんどの場合がエコノミー。ナナちゃんが沖縄に住んでいた頃は、よくＬＣＣ、安い航空会社の飛行機を使っていたのを覚えています。

もっと言えば、名古屋から大阪に移動する際も、新幹線ではなくて近鉄の特急に

通帳の残高が増えるのが当たり前。

乗ったりします。そうすると確かに、新幹線の半額くらいで済みます。

こういうことをナナちゃんは普通にしていました。当然ですが、お金がないわけではありません。むしろ、僕なんかよりもずっと稼いでいます。にもかかわらず、すごく質素です。**一般庶民と変わらないか、下手をすると一般庶民よりもお金を使わない生活をしています。**

僕はそこで「なぜだろう?」と考えました。せっかく稼いでいるのだから、その分使ってもいいのではないか?でも、そうしない理由は何なのか?

正直、ナナちゃんとのコミュニケーションは、その瞬間は理解できないことの方が多くあります。自分より次元の高い人とのコミュニケーションは、半年後、一年後とかに、遅れてわかってくることがとても多いのです。この件もそうでした。

後からわかったのは、**世の中のいわゆる「お金持ち」の人たちは、実は質素に、**

達成しなかった時に、自分を責めない。

できるだけ経費をかけずに生きている人が多いということでした。バンバンお金を使っている人というのは、その瞬間はいいけれど、急降下することが多かったり、ハッタリや見せかけに過ぎないということがけっこうあります。

本当の「お金持ち」は、例えば一億円の資産を投資に回して、その利回り、五％であれば五百万円が毎年入ってくる、このお金で生活をしている。つまり、元のお金は減らないという状態を創り出していることが多いということにも気付きました。

では、なぜそうしているのか。これは**お金を守る、あるいは残すことに意識を向けているから**だと思います。

本当のお金持ち、本質を知っている人たちは、普段は質素に、地味に暮らしています。でも、**「ここぞ」という時、あるいはしっかり残るもの、残すべきものにはしっかりとお金をかけていたのです。**

「数字」を楽しんでね。

こういう人たちは、お金を投下することで、新たな価値や資産を生み出すものには惜しみなく投資するという行動パターンがあると僕は思っています。

売上をものすごく上げて、利益がものすごく出て、月収百万円とか二百万円とか、もちろんそういう方を「お金持ち」と呼ぶこともあるでしょう。でもその収入を浪費していたら意味がありません。

表面上は「質素にセコくいく」。その上で、投資をすることでさらに資産が増えるところにはお金を出す。そうすることで、自動的に収入が入ってくる。しかも元のお金は手つかずで残る。そういうお金の使い方ができて初めて、本当に「お金持ち」と言えるのだと思います。

お金を守る、残すことの理由。それは会社を存続させ、守るためです。

二〇二〇年、新型コロナウイルスの感染拡大で、様々な企業が大きなダメージを受けました。こういう時、資産や内部留保がしっかりとあれば、数年厳しい状況が続いたとしても、会社や従業員を守ることができます。

一方で、もし入ってきたお金をすぐに浪費してしまっていたとしたら……？　経営は立ち行かなくなり、働いてくれていた人たちも路頭に迷うことになるでしょう。

会社経営は、決して「お金を儲ける」ためだけにするものではない、と僕は思います。サービスを永続的に提供することで、社会に価値を提供する。そして利益を上げて、働いてくれる人たちの雇用を守る。これが企業の社会的意義です。

楽読を例にあげるなら、もし来月楽読が倒産して、インストラクターにレッスンフィー等々をお支払いできない、サービスが提供できないとなったら、どうでしょう。

せっかく楽読を受講してくださっていた方々の信頼を裏切り、受講生さんたちの

全体のために動く。

人生が変化するきっかけを提供できなくなることになります。そして、全国のインストラクターたちも収入源を失ってしまうことになる。それだけは、避けなくてはならない。

ちなみにこれは、僕自身の反省も込めて敢えて書きますが、僕が代表を務めた会社は二年ほどで資金がショートし、解散することになりました。

今思えば、お金、特に固定費の見直しに取り組んで、いわば「セコくいく」戦術をとれていたら、結果は違ったかもしれません。僕が代表を務めていた会社では、守りを固めずに攻めばかりを意識していたから、破綻したのかもしれないと今は感じています。

だからこそ、経営者は「セコくいく」のです。お金を守り、残し、会社を存続させることが、社会に対する貢献につながるからです。

その人には、その人の事情がある。

僕はここが見えてきたおかげで、さらに経営者マインドが磨かれたように感じています。

その理想を感じてみて、どんな気分になる?

「ミッションから見た今」が超重要

二〇一九年頃、僕がＲＴＨグループの関連会社の代表に就任し、「経営者」として苦しみ、ピンチに陥っていた話は先に書きました。

その時、ナナちゃんから言ってもらったもう一つの言葉があります。

「ミッションのエネルギー体で、今、この場所にいるか？」

どういう意味か、少し分かりにくいかもしれません。でも、ナナちゃんはこのことを僕にずっと言い続けてくれました。

僕たちが、楽読の世界で日常的に使う「ミッション」を日本語で言い換えるとすれば、「使命」や「志」になります。今、僕たちが生きているこの命を、どう使うか。何のために使うか。どのように自分の命を使うのが、一番うれしいのか。

一度きりの人生、この命を、何のために使ったら自分のエネルギーは上がるのか。それこそが「ミッション」です。

僕の場合は「人類の意識革命」と言っています。意識の革命というのが大好きなのです。『少年ジャンプ』の読み過ぎという話はありますね（笑）。

さて、皆さんのミッション、使命は一体何でしょうか。

僕はマンガの影響のせいか、大袈裟なことが好きなのですが（笑）、僕のように「革命」みたいな大それたことを言わなくてもいいのです。ナナちゃんもよく言うことですが、決して、大きなもの、大げさなものでなくてもいいのです。

例えば、「自分の子どもが豊かに、健やかに育つことに自分の命を使う。そのた

相手のせいにしていると、そこから抜け出せない。

めに働くし、遊びに連れていくし、そのために生きる。それが自分の喜びだし、幸せだし、それができたらエネルギーが無限に湧いてくる。」とても幸せで、素晴らしいミッションだと思います。

あるいは、「自分の会社の同僚や部下、仲間が本当に喜んで働いてくれたら、自分の命を使った甲斐があったと感じ、心の底から嬉しい。」もちろん、そういうものでもいいのです。

繰り返しになりますが、何のために自分の命を使うのか？どうしたら、自分は心の底から嬉しいのか？砕けた言い方をすれば、気分や状態が「アガる」かどうか？これがとても重要です。

僕の奥さんは「全祖先の代表として、今を生きる」というミッションを持っています。いわば縦のつながり。ご先祖様と、自分と、子どもたち。そして未来の子どもたち。自分の子どもたちや、子孫に何を遺せるか？　と常に考えているのが好き

それを言わせているのは、自分。

だし、楽しいみたいです。

このように、僕と奥さんでもカラーも性質も違う。人それぞれ、何が喜びなのか、何が嬉しいのか、何に命を使うと楽しいのか、違うはずです。

ナナちゃんの言う「**ミッションのエネルギー体で、今、この場所にいるか？**」というのは、このミッションを感じて、そのミッションを果たしている状態で、今、ここにいるか？　という問いです。

「**ミッションから今。ミッションから今や**」とも、繰り返し言われてきました。

つまり、自分のミッションを果たすと決めて、そのミッションに生きている状態で、今生きているか。これがとても大切だと、ナナちゃんは言うわけです。

「自分のミッションが見つからない、わからない」という方がいますが、大丈夫。

あなたは、できる人。

必ず、皆さんの中にミッションはあります。

ヒントになるのは、子どもの頃のこと。

子どもの頃、**「なぜかこれが好きだった」**とか**「これをしている時は時間を忘れて没頭した」**とか、そういうものにヒントが隠れています。自分の中から、勝手に想いが湧き出すもの。

それをぜひ、見つけてほしいと思います。

なぜ、自分自身のミッションを明確にした方がいいのか。

それは、エネルギーの湧き方が全然違うからです。

例えば、仕事を普通に、お金を稼いで生活を維持するため、家族を養うためにやっています、という状態と、「自分のミッションはこれ。だから、この仕事をする」と肚を括った状態とでは、エネルギーの出方が全く違います。

僕の場合で言えば、普通の真渡一樹くんが、普通に仕事をする、悪くはありません。素晴らしいです。でも、普通です。過去三十年間生きてきた自分がここにいて、その自分が今ここで、仕事をしている。それだけです。

でも、ミッションからくるエネルギーはどういうものかと言うと、自分の超最高状態、人生の最高、最高潮の状態にいます。エネルギーが肚の底から止まることなく溢れ出て、燃え上がっている。その最高状態の自分を、今この瞬間に降臨させるのです。

そうすると、過去から今まで積み上げてきた自分が、今ここにいる、ということではなくて、未来の最高状態にある自分、今回の人生、「これ」をするために生まれてきた、というエネルギーが湧いてきます。言い換えると、生まれる前に今回の

決めたら結果が出る。という経験をする。

人生で決めた自分の役割に沿って生きるエネルギーになっていくのです。

これは、文章を読んでいても「へえ」としか思えないかもしれません。ですが、皆さんも「これのために生まれてきたんだ、生きてるんだ」と心の底から思える経験をしたら、きっと「ズッキーの言いたいことはコレか！」と思ってもらえるはずです。

この状態になると、自ずと肚が決まります。

昔の日本人は素晴らしくて、「肚を決める」、「肚ひとつ」、「肚を括る」という表現を遺してくれています。この「肚」とは、おへそから十センチくらい下に位置する「丹田」、正確に言うと「下丹田」。ここが人間のエネルギーの原点なのです。ミッションに生きる状態になると、自ずとここに力が入る、意識が行くようになります。

なぜ、その結果だと感じる？

ナナちゃんは、こうも言います。

「何のために、あなたはあなたの命を使うのか。何のために、あなたは今、この仕事をしているのか。この問いに即答できるかどうかが、重要な指針になる」

皆さんは、何のために命を使っているか。もう少し噛み砕いて言うと、今、何のために仕事をしているか。この質問に、〇・二秒で答えられますか？

答えられないとしたら、あなたはまだ自分のミッションに気付いていない、ミッションに生きる状態にはなっていないのかもしれません。でも、それが悪いわけではありません。近いうちに、そのミッションに気付く時が必ず訪れます。

では、僕がなぜ今この仕事をしているのか？楽読の仕事に就いているのか？それは言うまでもなく、「人類の意識革命を進めるため」です。

閃いたことをどんどんメモする。

僕がYouTubeチャンネルを作ったり、「スモールビジネスカレッジ」と銘打って、個人事業主などを対象とした、小さなビジネスで成功しようという情報発信を行っているのは、端的に言えば「人類の意識革命」のためなのです。

例えば日本人の皆さんが自分の好きなことで、自分の大切な人に貢献して、経済的にも豊かになったら日本社会は大きく変わるはずです。そして、その背中を子どもたちが見ています。そうすると、未来はもっとすごいことになります。日本社会は必ず良くなります。それが世界中に広がっていくことで、結果として「意識革命」につながる、僕はそう信じています。

『楽読』という事業は、決して速読ができる人を増やして、本を読む人を増やしたいからやっているわけではないのです。

楽読レッスンを通じて脳を活性化して、自分の潜在能力を開花させたり、過去のトラウマから解放されたりしながら、本来の自分を生きられるようになっていく。

相手のためになっていないとザワザワする。

おまけに様々な能力も上がって、仕事の生産性も上がる。

つまり、楽読を広めることが、日本の社会を大きく変える。「人類の意識革命」の礎になる。僕はそう思っています。だから、僕のやっていることは全て、僕のミッションと繋がっているのです。

この本では、例として僕の想いを書いてみました。このくらい即答できる状態になっていると、すごくいいと思います。ミッションに生きている状態になっている、と言えるはずです。もし、即答できないな、明確になっていないなと気付いたら、まずは紙に書いてみることから始めるといいと思います。

僕も、ナナちゃんから**「ミッションのエネルギー体で、今、この場所にいるか?」**と質問された頃は、悩み事が多かったし、脳が固まっていて、フリーズ状態でした。

自分のために契約を取ろうとしていない?

だから、紙を一枚用意して、そこに自分がワクワクすることや、好きなこと、こういう生き方ができたら嬉しい、という理想をどんどん描いてみてください。

そうすると、エネルギーが少しずつ湧いてきます。それがミッションの種である可能性が高いです。「ミッションがわからない、見つからない」という方は、こういうことからやってみることをオススメします。

僕がやることとは全てミッションに繋がっている。だから、ミッションに生きている状態でリストアップした方にメッセージを送ったり、SNSの投稿をしたり、YouTubeの撮影や編集をしたりするのです。

こう書いてあると、行動そのものが大切なように見えるかもしれません。もちろんそれも大切なのですが、**ミッションからくるエネルギーで、一つひとつの行動に取り組んでいるか**、こちらの方が大切です。

相手のことを本当に想っているエネルギーか。

どういう状態でSNSを投稿しているのか。その状態が投稿や動画にも反映されるわけです。もちろん何か文字の見え方が変わるとか、映像が変わる、ということではありません(笑)。ですが、見た人に伝わるものが、確実に変わります。

もう一度、僕から皆さんに質問します。皆さんも、自問自答してみてください。

あなたは、何のために生き、何を遺してこの世を去りたいですか。

僕は、これからの時代は「チーム戦」だと思っています。僕一人が「意識革命!」と叫んでいても、上手くいかないでしょう。表現は違っても、同じ想い、同じ志を持った人たちと連携して、この社会をもっとよくしていく、もっと素晴らしい社会を未来の子どもたちのために遺していく。こういうことを、同じ志を持ったみんなと一緒にやっていきたいなと思っています。

売上はどこから上がってもいい。

「東松戸」って、どこですか？

ＲＴＨグループの関連会社の代表を経験した後、東松戸にスクールをオープンしました。

関東以外の方だと、「東松戸ってどこ？」と思われる方も多いと思います。東松戸とは、千葉県松戸市の中にある、比較的住宅地が多い地域です。

僕は元々千葉県出身で、東松戸スクールは僕の母が経営している託児所を、空き時間に使わせてもらっています。

母親が経営している託児所を借りてスクールを開こうと思ったきっかけは、二〇一九年八月にバリ島へ行った時のことでした。僕が代表を務めている会社の解散が決まり、これからどうしようかと思っていた矢先、母親が経営している託児所のこ

結果が出るアンテナを張り巡らせておく。

とがパッと頭に浮かんだのです。

「あの場所を使って、スクールを開校するのはどうだろう？」

僕は当時、愛知県在住でしたので、地元でスクールを開校するという発想はそれまで全くありませんでした。しかし、突然インスピレーションが下りてきたのです。

その発想を受けて、僕はその場でスマホのメモ帳にビジネスモデルを書いて、母親にＬＩＮＥの通話で相談しました。

平日の昼間は託児所、平日の夜と土日は楽読スクール、という使い方をすれば、場所を有効活用できるし、母親が一人で託児所の賃料を払うよりも楽になる。僕は僕で、固定費を抑えてスクールを開校できる。お互いにハッピーじゃないかという話をしました。

結果が出るルートは、何万通りもある。

すると、母親もあっさりＯＫしてくれて、楽読 東松戸スクールを開校する流れができたのです。

では、なぜスクールを開校しようと考えたのか。一つは、楽読スクールのモデルになるようなスクール、みんなから憧れられるスクールを作りたいと思ったからです。

というのも、会社の代表を務めている頃、「こうしたらもっと売上があがる、成功できる」と伝えていたのですが、それよりも自分が実際にスクールを運営している姿を見せた方が早いなと思ったのです。

売上も上がっている、コミュニティとしても盛り上がっている、受講生さんたちもイケている。「なんなんだ！　あのスクールは！」という状態になると、きっとその秘密を知りたい、秘訣を盗みたいという人が現れる、真似したい人が出てくると思ったのです。

どのようなスケジュールでいくのか。

だから、自分でスクールを運営して、自分で結果を見せるのが一番だと思ったのです。

もう一つは、やはり革命を起こしたかったということです。

僕のミッションは「意識革命」です。その一方で楽読界、ＲＴＨグループ全体にも革命を起こしたいと思ったのです。

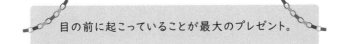

代表を退くにあたって、僕は改めて楽読全体を振り返ってみました。すると、三十個くらいさらに良くなる点が見つかりました。しかし、僕が課題だと思った点は、それまで楽読界では誰もやっていないことも多かったのです。

例えば、ＹｏｕＴｕｂｅという仕組みを使って、人がどんどん育っていく環境を作ったり、一見楽読らしくないと思われるような、厳しい一面も取り入れたり。これをやると、楽読、ＲＴＨ全体に革命が起こせるなという実感が湧いたのです。これは僕自身がとてもやりたいことでした。

理想を現実化するための現象が起こる。

「想い」と「仕組み」の両輪で勝つ

バリ島から帰国してすぐ、九月からＹｏｕＴｕｂｅを始めました。会社の代表を務めてみて、改めて感じたのは「人海戦術には限界がある」ということでした。**人数の力だけでは、到達できない領域がある。**仕組みやシステム、テクノロジーの力を使うことが絶対に必要だと感じたのです。

当時、楽読関係者だとＹｏｕＴｕｂｅチャンネルを持っている人はごくごく少数。ナナちゃんも、今ほど力を入れて配信していなかった時期でした。

ＹｏｕＴｕｂｅの配信をコツコツやりながら、同時並行で東松戸スクールの開校準備も進め、二〇一九年の十月に開校することができました。

面白いもので、開校して現在で二年半ほど経ちますが、悩みらしい悩みはほぼありません。会社の代表を務めていた頃に比べれば、全てが大したことではない、とすら思えるほどです。

新型コロナウイルスの影響で緊急事態宣言が発令され、一時的に売上が大きく下がったことも、そこまで大きな問題だと思わない。むしろ、そのことがきっかけで今あるご縁をもっと大切にしたコミュニティ作りを意識できるようになりました。その結果、多くの人に協力してもらえるようになり、コロナ禍のなかでも、売上も上がっていきました。

ひょっとすると、以前の僕ならば、色々と起きる出来事一つひとつにいちいち囚われ、悩んでいたかもしれません。でも、今は全くそうではありません。むしろチャンスとしか思えないのです。他のスクールがやっていることの真逆をやろう、というくらいの発想で楽しんでいます。

二〇二〇年十二月には、ナナちゃんと、パートナーのヨンソさん、僕と僕の奥さ

チャレンジする時は、何でもドキドキする。

んの四人で登壇した、僕にとっては人生初の講演会を開催しました。これも受講生さんと一丸となって、本気で最後まで理想を見続ける経験をしたし、何より受講生さんが主体になって取り組んでくれて、七百五十人もの方にご参加いただけました。

この講演会をきっかけに、「ヒガマツ現象」と呼ばれるようなムーブメントが起きたように感じています。

僕は、ヒガマツ、東松戸スクールはある意味一つの生命体のように捉えています。ある時から、自分が作っているコミュニティというレベルを超えて、僕自身もコミュニティに育てられている、という状態になっているのを感じます。

僕の知らないところで、受講生さんがいろいろな企画を立ててくれる。そういう自主性を持った人たちが集まったコミュニティができてきたなと感じます。

こういうコミュニティを作れた要因として、「徹底的に他力を活用した」という

スケジュールはずっと見ている。

ことが挙げられます。ナナちゃんはよく「ナナエにできることなんて、たかが知れてる。みんながすごいんや」と言います。

二十代の頃の僕は、その意味が全く分からなかったのです。ナナちゃんはカリスマ性もあるし、コミュニケーション力も高いし、能力が高いのに、なぜ「たかが知れてる」なんて言うんだろう……と思っていました。

でも、今になって思うのは、一人の力、自力には限界があるということ。どれだけ優秀な人が一人で頑張っても、自力ではすぐに限界を迎える。どんなにすごい人でも、一人で何十億も稼げるようになったとしても、一人で社会を変えられるかというと、かなり難しい。というか、恐らく無理でしょう。

でも、自分の力はたかが知れてる、と思えると、いい意味で諦めがつくのです。自力でできるのは限界があるから、だったら人の力を借りよう、頼ろうというエネルギーが生まれてくる。

重要事項は毎週ミーティングをしている。

だから今は、受講生さんにも頼ります。東松戸スクールってどう見える？　とか、ここが課題だと思うけど、○○さんならどうする？　とか、何なら、僕個人の悩みも相談したりします（笑）。

僕にとって、受講生さんは革命軍の同志のような存在です。速読を習いに来ている人、という感覚はまったくないですね（笑）。一緒にどんな革命を起こしますか？みたいな気持ちです。

こう思うようになった一つのきっかけは、やはりナナちゃんとの講演会でした。受講生さんが主体となって、一緒に作り上げていく過程を経て、ナナちゃんが言う**「みんながすごいんや」**という言葉の意味を、改めて噛み締めた感覚があります。

人は誰でも、光り輝く才能を持っています。これは間違いないこと。だから、僕にはない才能を発揮してくれる受講生さんの存在が、とてもありがたいのです。こ

「難しくする」のが好きですか？（笑）

れも、どうしたら全国の楽読スクールにいい影響を与えられるか、という革命の一つだと僕は捉えています。

二〇一九年の十一月から東松戸スクールを運営してきて、研究と実験を重ね、様々な成功事例と、同じくらいたくさんの失敗事例が蓄積されてきました。これを体系的に学べる環境を提供するために始めたのが『RTHスモールビジネスカレッジ』です。

これは、楽読スクールはもちろん、個人事業主、スモールビジネス全般について、どうすれば成功できるのかを学べる場として提供しています。

「見て盗む」といっても限界があるし、また、東松戸スクールに所属していない方にも、学んでほしいという想いもあり、この仕組みを作りました。

いま僕が感じるところでは、楽読スクールをはじめとしたスモールビジネスで勝

「シンプルに成功していい」と書こう。

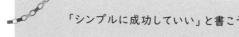

つために絶対に必要なもの、それは「コミュニティ」の力です。今いる受講生さん、あるいはお客様をどれだけ大切にして、安定した運営ができるか。そこがポイントになると感じています。

おかげさまで、現在は楽読、リターンスクール、ＲＴＨスモールビジネスカレッジなどの売上を合計すると、百五十〜二百五十万円をコンスタントに上げられるようになっています。**これは本当に、僕一人の力ではなく、東松戸スクール全体の力、言い換えればコミュニティの力に他なりません。**

ミッションや想いをベースにおいて、その上にＹｏｕＴｕｂｅといった仕組み、テクノロジーを活用した仕掛けを加える。そうすることで、無理なく売上が伸びていく仕組みを作る。そういうお話を、僕はスモールビジネスカレッジでさせていただいています。

僕はこれからも引き続き、意識革命を続けていくつもりです。しかし、社会の大きな変革を目指すなら、ＲＴＨグループ全体で年商一千億円以上の売上規模にならないと、世間の人々の注目を集めることはできない、と感じています。

そこから逆算すると、僕個人の目標としては、年商十億円以上を稼ぎ出せる自分になる、という目標を置いています。

子育てと志の両立のために

最後に、仕事の成果と結婚、子育てのバランスについて書いていきたいと思います。これは、僕にとっては非常に大きなテーマで、未だに葛藤がある分野でもあります。

これは文章にするとどう受け取られるかわからないのですが、毎月売上二百万円、三百万円をクリアすることは、さほど難しいことではありません。しかし、それをやり続けたところで、志を成し遂げられるかどうかというと、また別の話だと僕は考えています。

志、あるいは世の中のため、社会のために何をするか、どういう影響力を持つかと考えると、年商十億円は少なくとも必要。となると、そのレベルに自分が到達する必要がある、と常々考えています。

毎日の修練が必要。

しかし、自分を磨くために朝早く起きて瞑想をしたり、身体を整えるといったことが、子どもたちがいると集中して取り組みにくい……といったジレンマがあります。じゃあ、子どもを無視して自分のことだけに集中すればいいかといえば、そういうものでもない。

子どもたちを無視して放置していると、一人でYouTubeを見たりして、さみしそうな顔をしているのです。その顔を見ると、僕のエネルギーが下がります。

さらには、奥さんも「こう生きていきたい！」、という希望がありますから、そのバランスをとるのがとても難しいと感じています。

でも、そういう状況だからこそ、気付いたこともあります。独身時代や子どもがいない頃は、ある意味時間は「無限」のようにありました。自分が頑張って、寝る時間や食事の時間を削れば、時間はいくらでも生み出せました。

今月の目標を天にオーダーしよう。

でも、今はそうではない。一日二十四時間のうち、本当に志のために使える時間は、ごくわずかなのだなと気付かされたのです。

だからこそ、**自分の役割に集中して、自分が為すべきことから一ミリでもズレていることは、やってはいけないと学びました。**

僕にとっての役割。それは、こうして本を書くこともあると思います。ナナちゃんから学んだこと、吸収したことに僕のエッセンスを加えて、残していくことも一つです。

あるいは、「想い」や「意識」に偏りがちな楽読や個人事業主の皆さんに、テクノロジーを活用することを伝えていく、またはコミュニティを構築して、その力をビジネスに活かしていくことを伝えるのも一つ。

スケジューリングが上手な人は成功するのが早い。

自分にとって「これが自分の役割だ」と思えることに集中する。仕事で結果を出すと、周りから「これをやってほしい」とか「これ、できないかな?」とか求められることも増えてくる。そして、僕自身やろうと思えば、たぶんできます。

でも、それをやると自分にしかできないことが疎かになってしまうこともわかります。だから、**自分の役割から一ミリでもズレていることは、できるだけ断るようにしています。**

「エッセンシャル思考」とも言うのですが、自分が九十点以上出せることだけをする。八十九点以下のことは、思い切ってやらない。

こうすることで、以前よりも楽に結果が出るようになりました。以前は、目の前に出されたものは全てこなす、全部取り組んで、全てで百点を取ろうとする傾向が、僕の性格上あったと思います。

思いっきりやっていい。

でも、違うなと。**自分にとって重要な「これ」と「これ」と「これ」、三つの役割で、三百点を取ることの方がはるかに大事だと今は思っています。**

ですから、家族との時間、子どもたちと遊ぶ時間、息子の保育園への送り迎えなども、積極的にやっています。それは、僕にとって重要なことの一つだし、やりたいことだから。奥さんからは「息子たちのズッキーに対する態度が、以前と違う。以前よりもなついている」といわれました（笑）。

実はこれも、ナナちゃんから学んだことを活かしている部分があります。

ナナちゃんは三人の娘を連れて家を出て、シングルマザーとして娘さんたちを育てました。当然、子育てしながら仕事もしなくてはなりません。仕事に割ける時間が一日五分しかない時期があったというのです。

ナナちゃんはそこで、だから「やらない」、「あきらめる」ではなく、「五分だけ

今のままでいいのか？

やる」を選択したのです。

それ以外の二十三時間五十五分は、仕事をできない。その代わり、一日たった五分を仕事のために割いた。その代わり、その五分は超集中した五分だったと思います。結果、どうなったか。その年には年収一千万円を超えていたといいます。

ぼくはそこからヒントを得て、一日のうちに取り組みをする時間を意識して作るようにしました。例えば、トイレに行った時は理想を潜在意識に打ち込む時間、歯を磨いている時は理想を描く時間など、**生活習慣とやりたい取り組みを、全て合体させています。**

なので、我が家のトイレにはビジョンや理想を書いた紙が貼ってあります（笑）。**その貼り紙を見て「うわー、もう実現してる！」という状態になってから、トイレを出る。**

悔しい思いはパワーになる。

当然、一日に何度もトイレに行きます。そうすると、理想を何度もイメージすることになる。特に、朝起きた後と夜寝る前は、だいたいトイレに行きます。つまり、潜在意識に入りやすい時間にちゃんと理想を打ち込んでいるわけです。

歯磨きも一緒ですね。朝晩、必ず歯を磨く。そこで理想を描く、イメージする。このように、仕組み化しているからこそ、継続できるのです。**意志の力や根性では、継続するのは難しい。どう「続いてしまう」仕掛けをするかが非常に重要だと思います。**

ナナちゃんは、夜の九時から九時五分までを仕事タイムに充てていたそうです。これも、一つの仕組み化ですよね。何時になったら必ずこれをする、という仕組みにしておくと、「やる気が出ない」ということも起こりにくくなる。

自分の生活習慣に、こうした取り組みを加えられると、子育てしながらでも、自分の時間が取れなくても、習慣化しやすくなります。どんなに忙しくても、一日五

自分をリラックスさせてあげる日を作る。

分は取れそうじゃないですか。それでナナちゃんのように年収一千万を稼いでもいいわけです。

家事の最中、例えばお皿洗いをする時、僕はイヤホンをつけてお皿を洗います。何を聞いているかといえば、ＳＮＳの活用法を紹介している動画や音声情報。目だけではなく、耳からも情報は収集できます。こうすることで、家事の時間が学びの時間にもなったりするわけです。

ナナちゃんはよく**「自分に集中するんや」**と言います。実は、自由だとかえって自分に集中しにくくなることがあるだろうな、と思っています。自由だと選択肢が多すぎて、かえって迷ったり、集中が切れたりする。逆に、**不自由な状況があるからこそ、より自分に深く集中できる。**

ですから、「子どもがいるから仕事で成功できない、成果を出せない」というのは、僕は信じません。**むしろ子どもがいるからこそ、より大きな成果を出せる。**僕

DMは、二択にすると相手は返信しやすい。

はそう考えています。

それを現実化して、背中を見せられることができたら、日本全国の子育てをしながら働いている皆さんのヒントや、救いや、何かのきっかけになるのではないか、と思いました。

繰り返しになりますが、子育て世代のお父さん、お母さんは本当に時間がないし、家庭と仕事の両立で苦しんでいる……というケースも多いと思います。特に、テレワークや在宅勤務が増えたことも、それに拍車をかけているのではないでしょうか。

だからこそ、お伝えしたいのは「**自分の役割から一ミリでもズレていることは、できるだけしない**」ということ。その上で、自分のミッションをさらに深堀りして、自分のお役割に集中して生きていくことを、僕はオススメしたいです。

できると思えなくても、目標設定し続ける。

二〇四〇年の「日本の未来」と、あなたへのメッセージ

今から二十年後、あなたは何歳ですか？

元日本マイクロソフト社長の成毛眞さんの著書『二〇四〇年の未来予測』という本には、様々なデータを元に約二十年後の日本の未来が描かれています。

- テクノロジーの発展
- 6Gの世界
- 日本人口の減少
- 社会保険料・税金の増加
- 経済格差
- 南海トラフ地震
- 富士山の噴火

目標を決めることは、怖いことではない。

明るい未来というよりは、日本が衰退する未来という話の方が多いです。

あまりネガティブなことは書きたくないけれども、これが今予測されている日本の未来です。そして、これらを知った上で、あなたはどんなビジョンを描き、どういう命の使い方をしたいですか、と問いたいと思います。

僕は、多くの日本人が「本当の自分」で生き、「経済的に自由」になる人が増えていくことに命を使っていくと決めています。

「本当の自分」を生きる上で、時々、勘違いする人もいます。「自分らしく自由に生きたらいいんだ〜」みたいな（笑）

いやいや、それって明らかに自分のことしか考えていないでしょ。そして、そういう人に限って、そもそもへの感謝を忘れ、傲慢になり、人のせいにしてしまう。

その目標を達成する理由は？

僕は、それでビジネスがうまくいかず、失敗してきた人をたくさん見てきました。

ナナちゃんは、よく言います。

「全部自分が創り出していると思えているか。

どこかで、人のせい、社長のせい、会社のせい、組織のせい、世の中のせい、にしていないか。

全部自分が創っていて、全部自分次第だ」と。

本当の自分で自由に生きるという事は、誰かのせいにせず、「すべて自己責任」「すべて自分に原因がある」と言う生き方なのです。

『ONE PIECE』の主人公のルフィだって、同じことを言います。卑怯な敵

1つ決めて、徹底的にやる。

に対して愚痴を言うのではなく「避け切れなかったおれが悪い……！」と。

さらに、ナナちゃんはこうも言います。

「『そもそもへの感謝』を忘れた人は、絶対に成功できない」

今があるのは、誰のお陰様なのか。

両親、恩師、恩人、仲間、友人

家族、パートナー、ご先祖さま

裏で支えてくださっている方々

当たり前すぎて忘れてしまうのが人間。

徹底マークしている先輩はいますか？

ここへの感謝を忘れた人が、絶対に成功できる訳がない。とナナちゃんは言います。

テクノロジーが進化し、時代によって人の価値観が大きく変わろうとも、ここは絶対に変わらないところ。

こういう生き方をしている人の元へ「人」も「お金」も集まってきます。

だって、誰かのせいにして、そもそもへの感謝を忘れ、傲慢な人に、お金を払いたいと思いますか？（笑）。僕は、お金を払いたくないし、一緒にいたくないです。

これからの日本は、「本当の自分」を生きて「経済的に自由」になる人を増やすことが、急務だと感じています。お金のマイナスイメージにやられている場合では

がむしゃらにやる理由がないと結果は出ない。

無いです。先人が遺して下さった日本、平成の「失われた三十年」と言われる日本を今こそ、僕たちで取り戻しましょうよ！

そして、未来の子どもたちに最高のバトンを繋ごう！ 僕はそう思っています。

それ、本気で思っていますか？

☑ 実験ワーク

□自分は誰のお陰様で今生きているのか。そもそもへの感謝を書き出してみよう。

第4章 チェックポイント

- □毎晩、寝る前に理想をイメージしているか。
- □支出を明確に把握しているか。
- □固定費を削減しているか。
- □あなたのミッション（使命）は何か。
- □今日一日の行動は、ミッションから見て決めているか。
- □お客さんや受講生さんに頼ったり、相談しているか。
- □自分にとって本当に大切なことにのみ集中しているか。

できるできないじゃない。

□継続してしまう仕組みづくりをしているか。
□すべて自分が創り出していると思えているか。
□自分は誰のお陰様で今を生きられているのか（書き出してみよう）。

自分が「できない」と思っている奴は
どんどん取りに来るよ。

☑ チェックポイントまとめ一覧

第1章　チェックポイント

□本当の想いを解放して生きていい、という許可が降りているか。

第2章　チェックポイント

□苦しい時にこそ、全力で面白がっているか。

□自分のことしか考えていない人になっていないか。

□相手の幸せを本当に想っているか。

□集客するよりも掃除を最優先にしているか。

お客様ではなく仲間と見る。

□徹底的にマークする人を決めて、徹底的に真似しているか。

□お金を支払う時は「十倍で返ってくる」と決めているか。

□そもそもへの感謝をしているか。

第3章　チェックポイント

□百人リストを作成し、更新しているか。

□リストにいる一人一人の幸せを願い、感謝をしているか。

□口だけになっていないか。行動と結果は伴っているか。

□「理想の結果」を決めてからアクションをしているか。

売り込もうとするのは、ダサい。

□「理想が叶っていい」と、許可は降りているか。

第4章　チェックポイント

□毎晩、寝る前に理想をイメージしているか。

□支出を明確に把握しているか。

□固定費を削減しているか。

□あなたのミッション（使命）は何か。

□今日一日の行動は、ミッションから見て決めているか。

□お客さんや受講生さんに頼ったり、相談しているか。

既存顧客を大事にする回路を持つ。

□自分にとって本当に大切なことにのみ集中しているか。

□継続してしまう仕組みづくりをしているか。

□すべて自分が創り出していると思えているか。

□自分は誰のお陰様で今を生きられているのか（書き出してみよう）。

【参考文献】　尾田栄一郎『ＯＮＥ ＰＩＥＣＥ』（集英社）
成毛眞『２０４０年の未来予測』（日経ＢＰ）
平井ナナエ『宇宙経営12のメッセージ』シリーズ（ＲＴＨ出版）

100人以上のリストを作って下さい。

出したい結果のエネルギー体でいる。

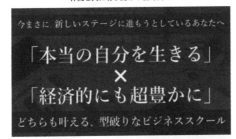

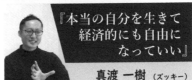

Youtubeチャンネル「好きな事で稼ぐ SBC」

▼ Youtubeチャンネルはこちら

それを起こしたのは自分。

楽読スクールについて

楽読MVP（ミッション・ビジョン・ポリシー）

M（ミッション）人が本来あるべき姿へ還る環境提供
人が人らしく生きる社会を創りたい！　という願いを込めています。

V（ビジョン）世界ニコニコピース
世界中が平和になるのは、ひとりひとりが幸せを感じて生きていればそうなる、と感じています。

P（ポリシー）全てのベースは愛基準
人間だから失敗、過ちもあるでしょう。
しかし、愛を持って行なった失敗は大きな問題にはならない、と感じています。

より良くなるために起きている。

その現象がベストだった。

楽読クレド七箇条

楽読クレド七箇条は二〇一四年の楽読全国インストラクター研修のなかで、参加者とともに作りました。ミッション、ビジョン、ポリシーをさらに具体化した、楽読インストラクターとしてのあり方を言語化したものです。

1. 自我自賛し、波動を上げて生きます
2. ご先祖様、両親、恩人、ご縁に感謝して生きます
3. 自然と共存し、感性を磨き続けて生きます
4. 未来の子どもたちのために今を生きます
5. 世界基準の家族愛で生きます
6. 仲間と繋がり、世界と繋がって生きます
7. リターントゥヒューマンします

自分のしたいことを発信する。

楽読クルド 7ヶ条

1. 自我自賛し、波動をあげて生きます

2. ご先祖様、両親、恩人、ご縁に感謝して生きます

3. 自然と共存し、感性を磨き続けて生きます

4. 未来の子どもたちのために今を生きます

5. 世界基準の家族愛で生きます

6. 仲間と繋がり、世界と繋がって生きます

7. リターントゥーヒューマンします

あなたのストーリーを発信するのが大事。

リターントゥヒューマン創業理念（原点）

二〇〇五年十月、楽読創業者・平井ナナエ（ナナちゃん）の叔父が本町の事務所を使っていい、と連絡をくれて、始まりました。
とても素晴らしい立地で始まりました。

創業時、なぜ速読を伝えるのか？
それは「人が人らしく自分を生きられる社会を創りたい」と願っているから！
人が自分自身に自信を持つ事で人生が変わる！　と強く感じたから。
人が自分の声に気付いて、自分の価値観で生きられる社会。
自分のことを表現できる社会。
人が人のことを応援できる社会。
人が自分と違う人のことを許容できる社会。

ユーザーが何を求めているかが大事。

そんな想いを熱く語り続けて生まれたのが「リターントゥヒューマン」。人が本来あるべき姿へ還る、と英語で表現するとどうなる？　とナナちゃんが友人へ質問したら、返ってきたのが、「Return to human」だったのです！

ナナちゃんは、この言葉をミッションとし、そのまま社名にすることを決めました。

楽読が様々な事業を経営する理由

楽読ではこれからも様々な事業を様々な地域で進めていきます。
そこには大きく三つの想いがあります。

①楽読の肯定的なコミュニティを全世界に

これからの時代、どういう価値感で生きていくか？　がとても大事になっていき

自分にしかできないやり方がある。

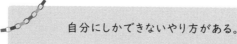

ます。楽読の「あなたの心の中の平和が全ての平和」という価値観が世界に広がることにより、皆さんの心の平和を創り続けます。

②次世代の子どもたちに何を遺すかという視点

楽読はクレドにもあるように未来の子どもたちの為にどんな社会を遺すかという視点で取り組んでいます。一つ一つの事業には全て想いがありそれは未来の子ども達に繋がっています。

③仲間の想いをカタチにする

楽読のみんなはミッションを持っています。そのミッションを実現するために楽読は、楽読スクール事業にこだわらず、みんなの想いを元に世の中を優しくしていく事業をこれからもしていきます。

自分の意識が目の前で現実化しているだけ。

楽読の社会的貢献の宣言

楽読は、全社会の人々の肯定感を上げ、その人がその人らしく生き、社会に貢献する人財に成長させる為に存在します。

成功する人は、まずやる。

おわりに

最後まで読んでいただき、ありがとうございました。

「平井ナナエ」から学んだ起業メモ。いかがでしたでしょうか。

業界一の速読、『楽読』を創り、様々な会社を経営している平井ナナエさんは、「本当の自分」を生きる姿をいつも体現して下さっています。

僕は、彼女のお陰様で「本当の自分」を生きて、「経済的に自由」な生き方ができるようになりました。

二〇三〇年、二〇四〇年、人口減少に伴って日本経済は衰退し、経済格差が広

なったらいいな。だと、結果は出ない。

がっていくと言われています。

そんな時代だからこそ、僕が、平井ナナエさんから学んで実践してきたことが、誰かのためになるだろうと感じ、一人でも多くの人に届けたい。一人でも多くの人に幸せになって欲しい。

そんな想いでこの本を書かせて頂きました。

僕が苦しい時、うまくいかない時、何度も平井ナナエさんの話す録音を聞き返したり、当時のメモを見返したりして、何度も原点に立ち返り、自分がそれをできているかのチェックをしていました。

すぐに実践したい人向けにチェックポイントをまとめたので、よかったら月に一度、週に一度でもいいので、自分がそう生きられているか、実践できているかをチェックしてみて下さいね。

1日1回は、何のために命を使うのか確認してね。

三カ月～六カ月間実践するだけで、あなたは間違いなく「本当の自分」を生きて「経済的に自由」になる生き方へ、どんどん近づいていきます。

この本を書くにあたり、平井ナナエさんをはじめ、たくさんの人のお陰様で完成することができました。

ＲＴＨ出版をプロデュースして下さっているミッション・プロデューサーの斎東亮完さん。ライターのあべのぶおさん。出版のお手伝いをして下さった楽読受講生の広瀬享子さん、池田知穂さん。

僕を楽読という道に導いて下さった楽読ジャパン代表の石井真さん。多くの学びを下さった中心道創始者の須田達史さん。一緒に志に生きる楽読インストラクターやリターンスクールファシリテーターの仲間たち。共に駆け抜けてくれるＲＴＨスモールビジネスカレッジの仲間たち。最高のコミュニティを作ってくれる楽読東松

相手のことを想って行動する。

戸スクールの受講生たち。ＲＴＨグループのすべての仲間たち。

人生に大きく影響を与えてくれる数々の漫画の登場人物と作者の皆さん。

いつも動画編集をしてくれる実の弟の真渡翔さん。

いつも僕を支えてくれる妻の真渡祐美さんと息子たち。

そして、僕の人生を大きく変えて下さった平井ナナエさん。

ここに書ききれない、今まで関わって下さった全ての人たちに心から感謝をいたします。

皆さんが、今よりも「本当の自分」を生きて、「経済的に自由」になりますように。

委ねているのと逃げているのは違う。

二〇二一年十一月吉日

真渡 一樹（ズッキー）

一番大事なのは思い込み力。

こんな時代だからこそ、
「本当の自分」を生きて、
「経済的に自由」になってもいい!
型破りな経営者『平井ナナエ』から学んだ起業メモ

2021年11月12日　第1刷発行

著　者　真渡《まわたり》一樹《かずき》

プロデュース協力　斎東亮完
編集協力　あべのぶお、原田祥衣

発行者　太田宏司郎
発行所　株式会社パレード
大阪本社　〒530-0043　大阪府大阪市北区天満2-7-12
TEL 06-6351-0740　FAX 06-6356-8129
東京支社　〒151-0051　東京都渋谷区千駄ヶ谷2-10-7
TEL 03-5413-3285　FAX 03-5413-3286
https://books.parade.co.jp
株式会社RTH（株式会社RTH）
〒530-0012 大阪市北区芝田1-10-10　芝田グランドビル802A
Email info@rth.co.jp　TEL 06-6359-1997
発売元　株式会社星雲社（共同出版社・流通責任出版社）
〒112-0005　東京都文京区水道1-3-30
TEL 03-3868-3275　FAX 03-3868-6588

装　幀　藤山めぐみ（PARADE Inc.）
印刷所　中央精版印刷株式会社

ISBN 978-4-434-29614-7　C0034